# アリと猪木のものがたり

村松友視

河出書房新社

アリと猪木のものがたり　目次

ブックデザイン＝鈴木成一デザイン室
写真提供＝毎日新聞社／共同通信社

# アリと猪木のものがたり

# まえがき

作家としての私のデビュー作は、一九八〇年にアルバイト感覚で書いた『私、プロレスの味方です』である。その続篇としての二冊、そして〃評伝アントニオ猪木〃と副題のついた『ファイター』までの二年間で、プロレスに関するこの四冊の書き下ろしだけで四百字詰め原稿用紙一五〇〇枚以上を書いたことになる。ほぼ、会社づとめとかさなっていた時期を思えば、驚異的な枚数だ。

『ファイター』の「あとがき」に、「本書を書き上げたいま、言いたいことは言いつくしたという実感がある。これを機にプロレスに関するいっさいの文章をしばらく休止し、私好みの観客席へもどりたい」と書いたが、その後の私は、つとめていた会社の退社をもふくめたざわめきの渦の中で、いわゆる物書き稼業をこなすようになっていった。

そして、〃観客席へもどり〃その物書き稼業にいそしむ時間の中で、〃プロレスの味方〃として書いた作品の中に大きな忘れ物をしたという忸怩《じくじ》たる思いが、私の中でひそかにつのっていった。

その忘れ物とは、一九七六年六月二十六日に〝格闘技世界一決定戦〟と銘打たれて行なわれた、モハメド・アリとアントニオ猪木の一戦について、撫でるようにしか触れ得なかったことへの、うしろめたさだった。

当時、〝極東の一介のプロレスラー〟たるアントニオ猪木からの、現役ボクシング世界ヘビー級王者モハメド・アリへの挑戦など笑止千万……といった価値観にとらわれていた一般的ジャーナリズムおよびマスコミは、試合実現の奇跡性など顧みることもなく、ニュースというより〝噂ばなし〟的ゴシップ記事で取り上げることに終始していた。

スポーツ紙が刻々と伝える乏しい情報を手がかりに、私は当日の試合のテレビ中継を見守ったが、結果的にはアントニオ猪木のプロレス技による決着でもアリの必殺パンチによるKOシーンでもない十五ラウンド引分けとなり、マスコミやジャーナリズムからは〝世紀の凡戦〟と酷評された。それ見たことかとばかりの、嘲笑《ちょうしょう》ぶくみの大バッシングであった。

当時の私は、嘲笑ぶくみの大バッシングに抗弁し、試合を評価する言葉が絞り出せなかった。これは、〝世間〟に対する私の及び腰のせいでもあり、〝世間〟の通念を撃つため自分の頭の中に装塡《そうてん》されるべき〝言葉の弾丸〟の欠如によるものでもあった。

忘れ物……と言えば体裁がいいが、〝世間〟の秩序感覚や通念による嘲笑、冷笑、酷評の大バッシングに対して、作家としていわば泣き寝入りをしたことになるのだ。

考えてみれば私は、一九六四年に行なわれた当時〝史上最強のチャンピオン〟と謳われた王者ソニー・リストンをTKOで降《くだ》し、リング上で雄叫《おたけ》びを放ち躍動しつづける、テレビ画面からはみ出しそうなカシアス・クレイの新鮮な姿を目にしたときからの、アリのファンでもあった。

だが、そのアリとアントニオ猪木が闘うとなれば、すでに力道山プロレスからの脱出を目指し、既成のプロレスから一歩踏み超えた〝過激なプロレス〟を展開するリング上のパフォーマンスのとりこになっていた私は、アントニオ猪木の味方としてテレビ中継の画面を見守っていた。あのとき、アリは私にとってアントニオ猪木の対立軸にある敵となっていたのだった。

カシアス・クレイからイスラム名モハメド・アリへの改名、ブラック・ムスリムの旗手である黒人運動過激派としての活動、ベトナム戦争に反意を唱え兵役を拒否したことによるライセンスとベルトの剝奪《はくだつ》、三年半のブランクからのカムバック、宿敵ジョー・フレージャーとの死闘、ジョージ・フォアマンとの〝キンシャサの奇跡〟と呼ばれた伝説の試合……アリのそんな足どりをファンとして追っていた私は、自分の中のアリとイノキという異星同士の想像もできぬ遭遇が、対立構造となって繫《つな》がれたことに、実はとまどいもしていた。

その両者の奇跡的実現とも言える試合が〝世紀の凡戦〟と酷評されたことに対して、それを迎え撃つ〝言葉の弾丸〟の持ち合わせがないがゆえに撫でるようにしか触れることができず泣き寝入りを決め込んだのは、アリとイノキの両者への不誠実でもあり、作家としての時を紡ぐ中での、痛恨の極みと言える忘れ物でもあったのである。

だが、一九七六年の対戦のあと、アリとイノキのあいだにあった対立軸の中での糸に、やがて時に応じての微妙な変化が生じてゆくけはいが伝わってきた。

あの試合の一年後におけるアリとベロニカ・ポーシェとの結婚式へのイノキの出席、一九九〇年の湾岸危機にさいし共にイラクの地へ赴いてのそれぞれの国の人質解放への貢献、そして一九九五年に平壌《ピョンヤン》で開催されたイノキによる「平和のための平壌国際スポーツ文化祭典」の立会人としてアメリカ政府の反対を押し切ってのアリの協力……こうやって両者が同じ空間に身をおく時を追ってみると、イノキとアリのあいだに、対立構造よりも共通項が見えてくるのである。

そして、私自身が平壌イベントのツアーに参加し、同行のアリに至近距離で接するうち、その体感の刺激が巨大な指となり、〝世紀の凡戦〟の汚名を晴らせぬまま一九年ものあいだ体の底に澱《よど》んでいたうしろめたさの弦を、強く弾いた。

思い返せば、二十二年前に感じたこの弦のひびきが、本書を書くにいたる遠因であり、二〇一六年におけるアリ七十四歳での死が執筆に腰を上げる直接の動機となった。さらにその後にアリの追悼番組に組み込まれた、四十年前に〝世紀の凡戦〟と酷評されたイノキ対アリ戦の実況中継の再放送を、両者の対立軸よりも共通項を感じ取りつつ私なりに検証してゆくうち、本書で書かれるべき事柄への予感が、沸々《ふつふつ》とわいてきたのだった。

さて、アントニオ猪木が何故にボクシング世界ヘビー級王者のモハメド・アリに挑戦状を叩きつけたのか。その根底にあったプロレスへの差別感や蔑視感の源をたどる意味で、〃イノキ前史〃としてとらえなおした力道山プロレス時代へと溯《さかのぼ》って、この作品の幕を開けてみたい。読者諸兄姉には、〃世紀の凡戦〃がいかなるお色直しをほどこされるかへの性急なかまえをいったん解いていただいて、まずは私の語るものがたりにおつき合いをねがいたいのであります。

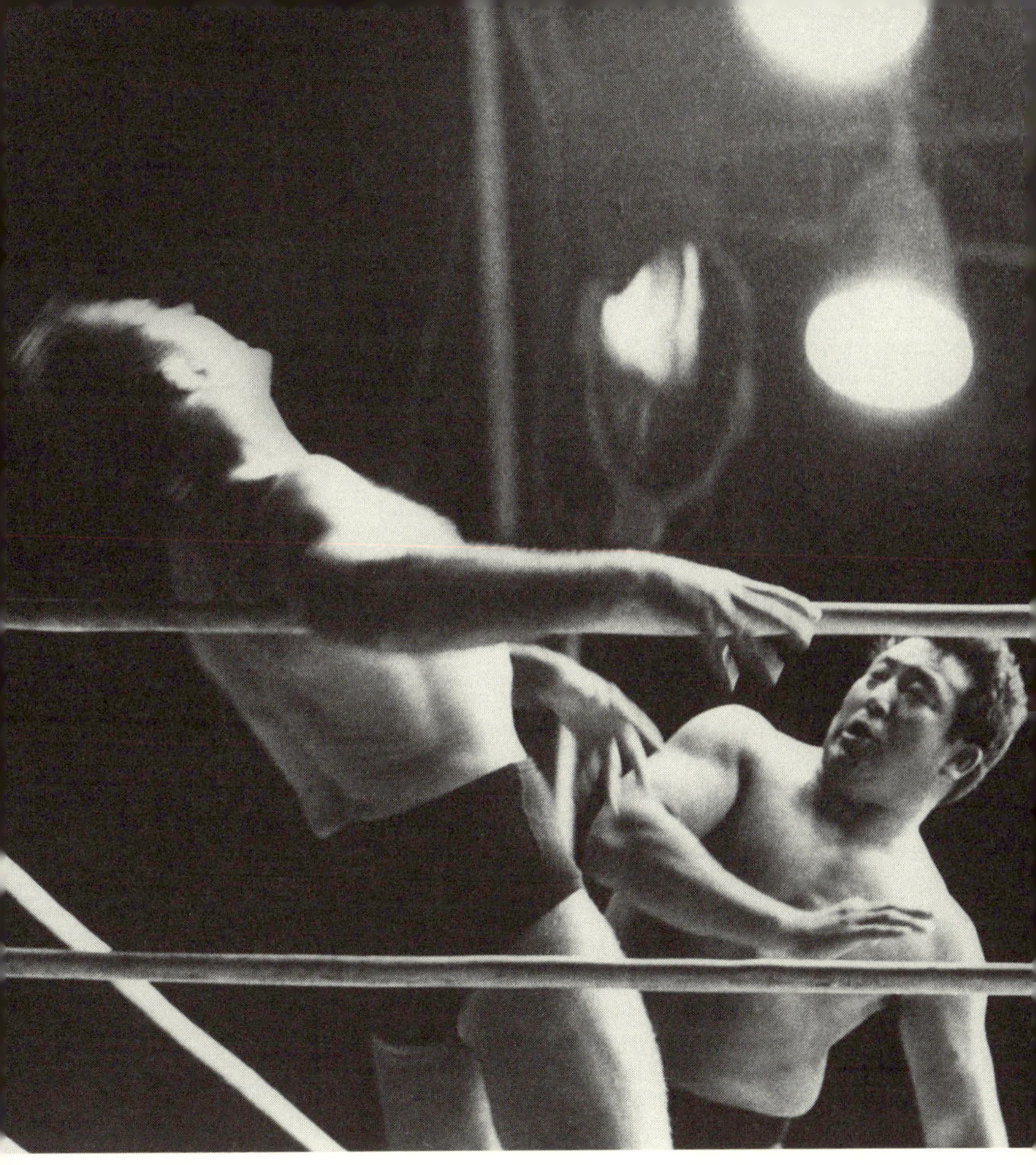

ルー・テーズに
空手チョップを見舞う力道山
1957年（毎日新聞社提供）

# 第1章
# イノキ前史としての力道山時代

## 1　力道山プロレスの登場

日本におけるプロレスというジャンルは、やはり力道山が切りひらいた世界であり、昭和二十九年すなわち一九五四年二月十九日に、蔵前国技館において行なわれたシャープ兄弟対力道山・木村政彦組戦から、戦後を彩る娯楽スポーツの表舞台へと、プロレスが一気に躍り出たところから歴史が始まったというのが、一般的認識と言えるだろう。本章ではこの力道山時代を、イノキの筋道への前史としてとらえる視点で追ってみたいのである。

当時、十三歳の中学生であった私は、故郷である静岡県清水市（当時）の波止場にある電気屋の、あかりを消した茶の間で、初めてプロレスと出会って興奮の極に達し、そこから熱血プロレス少年になっていったのだった。

電気屋のうす暗い茶の間にデンと据えられたテレビジョンなるものとも、私にとっては初めての対面だった。

すでにメジャースポーツとして歴史を刻んでいた野球や大相撲とちがい、それ以前にさかのぼる歴史的知識が不要というところに、十三歳の少年にとっての大人とのハンディキャップをもつことのないジャンルとしての快感が、プロレスにはあった。

それ以前の日本のプロレスにつながる歴史といっても、力道山が自ら髷《まげ》を切って力士を廃業し、当時アメリカで活躍していた日系レスラーのハロルド坂田（トシ東郷）との出会いをきっかけとして未知の世界であるプロレスに身を投じ、ハワイでの修業のあげく、プロレスラーとしてのデビューを果した……という大雑把ないきさつくらいのことで、すでに一九四八年から興業が始まっていた女子プロレスの先行などをはじめ、それ以外のこまごまとした事実など、清水みなとの少年にとっては知るよしもなかった。

終戦時に五歳であり、戦争に対する感覚も思いも空襲の記憶も、かけらほどしか体に残されていない少年であった私は、電気屋のうす暗い茶の間でプロレスの画面に目を凝らす大人たちが、アメリカ人レスラーに〝鬼畜米英〟をかさね、シャープ兄弟をやっつける力道山に喝采をおくっている様子には、異様な感じを受けたものだった。

戦争の痛手から立ち直りつつあるあの時代にも、大人たちの中にはまだ〝鬼畜米英〟に打ちひしがれた心の傷の余韻がただよっており、彼らにとっての精神的救世主という一面が、力道山にあったのはたしかだろう。あの時期の一般的プロレス・ファンの軸には、このような心情があったはずなのだ。だが中学生の私は、その感覚とは無関係な熱血プロレス少年だった。

その頃のアメリカのプロレス・マット界では、日本軍の真珠湾奇襲攻撃をイメージさせる奇襲作戦で、ゴングが鳴る前から相手の目に塩（日本を象徴する小道具）をすり込み、アメリカ人の観客たちに嫌悪される悪役《ヒール》の典型をつくり上げて、人気と収入を得る日系レスラーが輩出していた。彼らは、グレート東郷やトージョー・ヤマモトなど日本軍の象徴を匂わすリングネームを用いて、アメリカ人の観客の憎悪をかりたてる〝悪役〟の演出を満開させていたという。

日本で初披露された力道山のプロレスのスタイルは、それとは真逆の日本人による〝正義の味方〟だった。原爆を用いて日本を完膚なきまでに叩きのめした〝鬼畜〟たるアメリカ人のくり出す反則攻撃を、耐えしのんだあげくに奇跡のごとく逆転する。

今日でも人気をほこる歌舞伎の『仮名手本忠臣蔵』は、不入りのない人気演目であるゆえに「独参湯《どくじんとう》」（江戸時代の起死回生の妙薬の名）と呼ばれていたようだ。その『忠臣蔵』における「殿中松《でんちゅうまつ》の廊下《ろうか》」の場において、自分をなぶりつくす悪役《ヒール》の高師直《こうのもろなお》（映画ならば吉良上野介《きらこうずけのすけ》）に、ついに堪忍袋の緒《お》を切って斬りつける塩谷判官《えんやはんがん》（映画ならば浅野《あさの》内《たく》匠頭《みのかみ》）に私が力道山を見立てたのは、むろんかなりのちになってのことだった。

ただ、大相撲出身でありながら、力士当時の得意ワザのひとつであった張り手そのものではなく、これを自己流に改造した〝空手チョップ〟を編み出したのは、力道山ならではのセンスだった。

富田常雄の小説でのちに黒澤明監督によって映画化された『姿三四郎』では、藤田進の演じる柔道の姿三四郎がいわば正義の味方、月形龍之介演じる空手遣いの檜垣《ひがき》源之助は悪役というイメージだった。以来、日本の武道の中心は柔道という観念が定着し、空手というジャンルには陰々滅々たるイメージ、宗教ならば邪教、日本刀ならば〝妖刀〟といった匂いがからみつくようになった。その沈みかけた〝空手〟をすくい上げてそれに〝国技〟たる相撲の張り手の呼吸をかさね、〝空手チョップ〟を仕立て上げた力道山には、思い返しても並々ならぬ発想力を感じさせられるのだ。

リーゼント風オールバックのヘアスタイル、当時の日常生活ではまだ馴染みのないロングガウン姿での登場、見馴れぬ黒のロングタイツの着用……アメリカで活躍する、股引《ももひき》を連想させる七分丈のタイツに下駄ばきというスタイルの日系悪役レスラーとも、木村政彦をはじめとする短いタイツ姿の他の日本人レスラーとも一線を画す、ひと目で力道山と分かる姿をつくり上げたのも、力道山流の客のつかみ方であった。

あの時代の日本人の心もようは、いまだ〝鬼畜米英〟への鬱憤《うっぷん》を心に宿しながら、終戦を機に導入されたジャズやファッションなどのアメリカ文化への憧憬を抱く若い世代の気風と、日本の伝統への回帰を希う年長世代の姿勢とに二分されていたと言ってよかった。そして、アメリカからの輸入文化であるプロレスを日本という土壌に定着させるにさいして、日本の〝古風〟を匂わせつつ新しい潮流へ観客をさそい込むのが良策と、力道山は踏んだのではなかろうか。

試合そのものは、外国人をこらしめる正義の味方という、『忠臣蔵』を好む日本人の庶民的心情にうったえるスタイルだが、プロレスラー力道山が身につけるファッションや日常的に乗りこなす高級外車などのイメージは、当時としては先端をゆく、アメリカ流セレブの象徴的イメージであった。

力道山は、二分された日本人の双方の心情をあやつるようにして、時代の寵児《ちょうじ》にのし上がり、プロレスという未知のジャンルを、極端に言えば一九五四年二月十九日からテレビ中継された、たった三日間の連続興業の試合で、大相撲や野球に匹敵する娯楽スポーツの座に押し上げてしまった。

プロレスとともに、一般の日本人にとって未知の存在であったテレビジョンとの周囲の反対を押し切っての提携もまた、時代を先取りする力道山ならではの戦略であり、これまた大いに功を奏した。

一方、力道山プロレスには、武道の国である日本においては、〝真剣勝負〟とはほど遠いものと映るという壁が、スタート早々から立ちはだかっていた。

NHKテレビのプロレス実況中継が一年ほどで撤退し、新聞三大紙のスポーツ欄を飾っていた、プロレスの試合結果を報じる記事などが、今にして思えば早々に姿を消していった。これもショー的スポーツという立ち位置のプロレスに対する、〝真剣勝負〟を重んじる、日本人の格闘技への心情に沿ったながれであったにちがいない。

## 2　力道山対木村政彦戦の異観

爆発的ブームを巻き起こした力道山プロレスは、実は〝真剣勝負〟とは別物の八百長がらみのショーであると、プロレスが日本で披露された直後から〝世間〟ではささやかれていたが、その風評を追い風とするがごとく、いわば内部告発のようなかたちで、力道山ブームに異を唱えたのが、シャープ兄弟戦で力道山とタッグを組んだ木村政彦だった。

一九五四年十一月一日付の「朝日新聞」社会面に、「力道山のレスリングはゼスチャアの多いショーである。ショーでないレスリングで力道山と実力日本一を決したい。実力なら自分は力道山に負けない。真剣勝負で雌雄《しゆう》を決したい」という木村政彦のコメントが出た。「朝日新聞」は、一般世間の良識的見地から、プロレスはスポーツであるや否やといった論調においては、どちらかといえばプロレスに対するアレルギー反応を紙面にあらわしていた。その「朝日新聞」の記者に水を向けられて、木村政彦がつい本音を口ばしってしまったのか、この機に乗じて力道山に牙を剝《む》くかまえだったのか。木村の前に木村なし、木村のあとに木村なし……と謳われ〝柔道の鬼〟の異名をとった木村政彦の経歴は、柔道を神聖視する日本人の平均的な空気の中では、興行を基本とする大相撲で関脇の地位まで上った力道山よりも格上と見る人々も多かったのではなかろうか。その木村政彦の

〝値打ち〟を、力道山はうまく利用して起用していたと言えるのかもしれない。

木村政彦の主張は、力道山ばかりが目立っているように見えるが、実はあのシャープ兄弟戦では、自分が引立て役を演じ、力道山に勝ち役をゆずっていたのであり、〝真剣勝負〟ならば自分の方が上である……というものだった。たしかに、シャープ兄弟来日時に巻き起こったプロレス・ブームの渦の中心は力道山であり、木村政彦の影は薄かった。

そんな試合ぶりを見た柔道関係者から、「鬼の木村はどこへ行った」といった揶揄《やゆ》が向けられ、木村政彦の立場に立つ人々が力道山ブームに納得しかねる思いをいだいたことも想像できる。

木村政彦自身にとって、想像外のプロレス・ブームが生じた結果、役割として〝やられ役〟を演じた自分が実際に〝弱い〟というイメージを目立たせている事態に対して、〝伝説〟の柔道家として〝汚名〟をそそぐという、緊急の課題が生じていたことも考えられる。

そして、自らもその渦中にあったプロレス人気の中で、力道山だけが注目される見方の修正を主張することによって、役割を演じるルールで進行するプロレス試合の〝非勝負性〟を暴露する必要があった。そこにはもちろん、力道山ブームはそうやってつくられたフィクションであるという暗示もからめられていた。想像外にふくれ上がったプロレス人気は嘘の世界であり、その嘘の中での〝負け役〟を自身が演じていたのだとしなければ、〝柔道の鬼〟であり、〝木村の前に木村なし、木村のあとに木村なし〟と勇名を馳せた過去の実績が影を薄くしている現状における〝汚名〟をそそぐことはできない。

その暴露的発言のあと、〝柔道家〟としてのプライドを守るために、潔くフィクションの勝負たるプロレスとは絶縁する……という宣言であったなら、柔道家木村政彦の名誉あるいは伝説が回復する方向は見えてくる。だが、〝真剣勝負〟なら自分が上であると主張して、自己の伝説を証明するために、『姿三四郎』の決闘場面のような野天での果し合いをいどむというのではなく、プロレスのリングで決着をつけようという木村の姿勢の中に、〝真剣勝負〟とは微妙にちがうプロレスの匂いが感じられるのもたしかなのだ。

この木村政彦の主張を報道する記事を目にした力道山が何を思ったか……このあたりはいく通りもの想像をそそられるものの、私などがその真実をつかみ取れるはずのない迷宮的テーマであることが、何人もの探求によって、すでに明らかになっている。

そして、一九五四年の十二月二十二日、両陣営の駆け引きの暗躍が噂される中で、ついに力道山対木村政彦の試合が、蔵前国技館において実現するにいたった。

そこにいたる以前に蓄積されていたプロレス八百長論はあいかわらずだった。とくに常識的なインテリ層は、〝力道山現象〟にいっときはつき合ったもののすぐに我に返り、冷静さと冷淡さを取り戻して、プロレスをスポーツを見る視界から外していったというプロセスも見えていた。

プロレス八百長論に加えて、力道山の素行を伝える三面記事、力道山が朝鮮出身であるという出自の暴露などが、プロレスの胡散臭《うさん》さと結びつけられて報道されてもいた。したがって、力道山対木村政彦戦に興奮するのは限られたプロレス・ファンと、素直な野次馬たる一般庶民くらいのもので、いわゆるインテリ層はこの対決に本気で関心を示すことはなかったのではなかろうか。

それはともかく、力道山としても、出自や三面記事的〝暴力事件〟の発覚やプロレス八百長論の拡大は、せっかくスタートした〝力道山ものがたり〟をそこないかねぬ大いなる誤算であった。

そこに、奇《く》しくも……であったのかあるいは想定内であったのか、〝真剣勝負〟をプロレスと対立させる位置づけでの、木村政彦からの挑戦表明がなされた。

プロレス八百長論の払拭《ふっしょく》は〝力道山ものがたり〟にとっての緊急の課題であり、木村政彦との対決でこれを一気に解決してやろう……力道山にそんな目論みがあったというのは、それほど無理な推測ではなかろう。

一方、木村政彦の〝真剣勝負〟をかかげての力道山への挑戦は、〝柔道の鬼〟の異名をとった自分が大相撲で関脇までいった力道山を倒して自らの〝汚名〟をそそぎ、その強さを満天下に示そうとするのが真意であったのか。あるいは、柔道と相撲をバックボーンとする二人が、〝真剣勝負〟をかかげて柔道対相撲というもうひとつの額縁的テーマをも添えてたたかえば面白かろうという、力道山より先にプロレス界に馴染んでいた木村政彦の、きわめてプロレス的な発想であったのか。この件については、先述のように汲めどもつきぬ思いがかけめぐる。

中学生の〝力道山フリーク〟であった私は、プロレス興行の主催者であった毎日新聞社につとめる叔父の伝手《つて》で意外にリングに近い席のチケットが手に入り、不安と緊張と興奮につつまれてリング上を見守っていた。

さて、リング上に登場した力道山と木村政彦は、きわめて対照的なイメージだった。翌日の「朝日新聞」には、「満場の拍手と歓声の中を木村が紺色、背中にコイの跳ねた模様入りのガウン、続いて力道山は紫地ですそに富士山をあしらった和服式の派手なガウンで登場」と綴られているが、中学生の私の目には木村政彦の姿が意外に〝地味〟と映った。髪型、表情、体格からそんな印象を受けたのだった。だが、その〝地味〟さは逆に隠れた実力の証明のようにも見えて、力道山ファンの私にとっては少し不気味でもあった。

次に、力道山が紫色のガウンで登場したとき、華やかさと派手さが一気に満開するような雰囲気が生じ、館内にどよめきと拍手がわいた。木村政彦が静かな微笑みを浮かべてリングに登場したのにくらべて、力道山のリングインは躍動的だった。木村と力道山の登場時の姿からは、日常と非日常、陰と陽、褻《け》と晴……そんな対照的雰囲気が伝わってきた。

力道山の表情には、この舞台から〝何か〟を生み出す予感への気の弾みがみなぎっており、木村政彦にはクールな平静感がただよっていた。

煌々《こうこう》たるライトに照らし出された、両者の肉体も対照的だった。黒のロングタイツの上にある力道山の上半身の弾力を感じさせる色艶と張りのよさは、日常的に目にする当時の大人の身体とは〝別物〟の華を放っていた。それに対して木村政彦は、さすがに鍛え上げた筋肉をあらわしてはいたが、その肉体から非日常的な華やぎは伝わってはこなかった。ただ、それまでの試合とちがい、柔道の寝わざへの効果を考えてか、リングシューズを履かぬ裸足姿であったのを、私はかすかな不安とともに目にとめていた。

超満員の観客が見守る中で、試合開始のゴングが鳴った。ゴングと同時にコーナーを飛び出し、リングを半周しながらかまえをつくる力道山、静かにそなえをかためる木村政彦……中学生の私は、まさかと思っていた両者の試合が本当に始まったんだと、拳を握りしめてリングを見守った。

まず、この試合を伝える翌日の新聞記事を見てみよう。主催者たる「毎日新聞」の記事は次の通りだ。

20分で力道をフォールすると豪語した木村も、実力の差は争われず、わずか15分余で敗れ、この一戦を期待したファンを失望させた。

立わざに自信のある力道は細心の注意を払ってわきを固め、腰を低くして構えたので木村はほとんど乗ずるスキがなかった。10分を経過するまで力道は腕ガラミからの投げと得意の抱え投げを連発すれば、小兵の木村は一たまりもなくマットにたたきつけられて早くもこの試合のヤマが見えた。

この間木村が攻勢を示したのは立わざで二回一本背負いをやり、寝わざでは力道の左腕を逆攻めしただけで、このあとあっさりと力道に返される始末だった。10分を経過してから力道ようやく積極的に攻め抱え投げに次ぐ空手打の連発はこれまで善闘した木村を全く窮地に追込み、木村は辛うじてロープにつかまり危地を脱するという有様だった。

15分力道の攻撃はいよいよ急、空手打と足けりのコンビネーションで次々と攻めればもはや木村には戦う意志なく口中から鮮血ほとばしって15分49秒マットにうつぶしたまま起きず、期待の一戦も最後の幕切れはあっけないものとなってしまった。結局は両者実力の差であって練習量を誇る力道の勝ちは当然の結果といえよう。

この記事には、その日の観客が十五分を過ぎたあたりで目の当たりにしたはずの、木村が足蹴りをくり出したとたん一変した、リング上の異様な空気についての記述が何もない。プロレス興行の主催者であった「毎日新聞」ゆえに、そこに触れて読者の想像をふくらませることを避けた印象がある。

また、「朝日新聞」のこの試合展開についての記述は次の通りである。

はじめ両選手ともすきをねらって慎重なはこび、木村が逆をねらえば、力道は投の大技で応酬、力道のやや押し気味のうちに十五分を過ぎるころ、はだしの木村がつま先で急所をけった反則に力道山が激怒したか、空手打、足けりを交互に木村の顔面と腹部に集中、木村はコーナーに追いつめられて見る見るグロッキーとなり、そのままこん倒して起き上れなかった。ただちに医師が木村の顔面の負傷を診断の結果、出血がひどくドクターストップとなりあっけなく力道山の勝利に終った。

この記事からは、ふつうの試合ではなかったという感触がとりあえず伝わってくる。「木村がつま先で急所をけった反則」「力道山が激怒」「こん倒」「医師が木村の顔面の負傷を診断」「出血がひどく」「ドクターストップ」などの記述から、読者はこの試合の尋常ならざる空気を感じることができるはずだ。そして、両記事に共通しているのが「あっけないもの」「あっけなく」という結末についての表現だった。

たしかに、十五分余でのドクターストップによる試合の結着は、時間的にも「あっけない」ものであったかもしれない。しかし、中学生の私も現在の私も、この試合からは「あっけなさ」よりも、やはり異様な雰囲気を感じ取っている。リング上で〝何か〟が起こったのだろう。しかしその〝何か〟がつかめない……流血の結末よりも、私にはその〝何か〟が気になった。ただ、「朝日新聞」の記事の中の「はだしの木村がつま先で急所をけった反則に力道山が激怒したか」のくだりには、何ゆえに?というニュアンスがこめられているはずだ。

私には、力道山が高々と抱え上げた木村政彦を、リングの外のエプロンへそっと下ろし、観客がはじめてどっとわいたシーンが目に残っている。力道山の優勢をはっきりとかたちにあらわしたようなシーンだったが、試合が反則もなく穏やかに行なわれていることを観客に伝えるための儀式のような場面でもあった。

これは、力道山が空手のかまえを取り、木村が両手をクロスさせて防ぐかたちをつくったシーンとともに、小康状態の中でのお互いのサービスとも映り、このような紳士的な試合をしていて、どうやって勝負の結着をつけるのかと、手に汗握って見守っていた私は、いささか不安になったくらいだったのだ。そして、この試合展開では力道山が勝つなりゆきが読めぬかすかな苛立ちのようなものを感じていた。そんな空気が一変したときの場面を、私は次のように記憶している。

木村の足げりに急所を狙ったものだという印象はなく、かるくその素振りをして見せた、素足の威力を誇示するかるい威嚇《いかく》のポーズのように、私は感じた。その瞬間、力道山が木村政彦に向かって何かを怒鳴るように叫び、木村政彦がそれをタイツを直す仕種をしながら平然と無視する表情を浮かべた。すると力道山の顔面が見るまに紅潮し、張り手で木村政彦の顔をおそい、コーナーに倒れ込んだところを蹴り上げ、頭をつかんでリングの中央に引きずり出し、頭を上から踏みつけるように蹴りつけた……この一連の急転回の意味が、私にはまったくつかめず、ただリング上に生じた異様な空気を見守るばかりだった。

## 3 〝世間〟の眼差し

結果的には、その異様さによってプロレス＝八百長という図式は宙に浮き〝プロレスはスポーツに非ず〟や〝街の喧嘩と同じ〟というアレルギー的見方をふくらませてしまった。そんなながれの中で、ある新聞に掲載された早大講師О氏の「〝野獣の闘争〟力道・木村戦に想う」というタイトルの記事は、当時の大方のスポーツ・ファンによる、この試合の感じ方を象徴するような内容にみちており、〝世間〟を納得させる説得力があったのではなかろうか。

私がこのО氏の記事と出会ったのは、二〇〇〇年四月に上梓《じょうし》した拙著『力道山がいた』を書くにあたって、資料として探し出した結果だった。

力道山と木村の一戦はかたや相撲かたや柔道という背景をもって、あたかも日本一を決める真剣勝負のような前ぶれによって人気を呼んでいた。私はこうした一般の興味よりも、移入以来なお浅いプロレスが果してこうしたフンイキでいかに行われるかということに多くの興味をもって見守った。

試合当初の真剣な態度、重量級が投げ合いぶつかり合う試合振りはまさに壮観、かたずを呑んだのであるが、木村が急所を狙った後の乱闘は、あたかも神につかれた狂人の如く、飢餓にひんした野獣の闘争の如き感をいだいたのは私一人であろうか。

それは既にショウでもなく、スポーツでもなく、血に飢えた野獣の本能そのものであった。力道の目は後退を許されない戦場の兵士の目であり、名誉と金銭というかこいで隔絶された闘犬のまなこであった。試合は一瞬にして決った。リングの上には戦闘直後の殺したものと殺されたものだけが味わうせいさんな空虚がただよった。

医者がリングにあがった。人々はやっと理性をとりもどした。既に私の記憶にうすれかけていた幾度かの戦闘後の状景がよみがえってきた。

スポーツが軍事、武術と結ばれた時の殺伐たる光景はしばしば体験したが、職業と呼ばれたプロ・スポーツをショウとして価値づけていた私には、こうした光景は想像も出来なかった。古代ローマにおける剣闘士の死闘の歴史が、絶対権力から解放された近代社会下に再びくりかえされようとは考えていなかった。

この様に感じるのは私のプロ・スポーツに対する認識がないためなのか。あるいは資本主義社会におけるプロ・スポーツの必然的発展経過なのかも知れない。しかし、プロ・スポーツがショウであるならショウマンシップが、スポーツであるならスポーツマンシップが、職業であるならビジネスマンシップが、その根底をなすべきではないだろうか。プロレスもまた真に洗練された知性を根底として、闘争本能を十分満足させるような興行物にならなければ、それがいかに発展しても社会的価値を有するものとはなり得ないのである。

「プロ・スポーツをショウとして価値づけていた」筆者の言葉からみちびき出される、「それは既にショウでもなく、スポーツでもなく、血に飢えた野獣の本能そのものであった」なる結論は、大方の賛同を得るものであったにちがいない。ただ、〝力道山フリーク〟の中学生であった自分を現在まで引きずって生きている私の中では、〝スポーツ〟と〝ショウ〟と〝血に飢えた野獣の本能そのもの〟を溶け合わせたあげく、観客を納得させるけしきを生み出す試合への可能性はゼロではあるまいという、根拠なき期待が消えやらぬのである。

O氏の文章の中にある試合の前半の展開についての「まさに壮観」「かたずを呑んだ」という場面を、中学生の私は「穏やか」「小康状態」「サービス」「紳士的」と感じた。力道山対木村政彦戦が、この展開で終始する〝見事〟な試合であったなら、どちらが勝者となっても、その試合には伝説は生まれなかったことだろう。

あの平穏すぎるプロレス的展開に終始する時間が、私には〝嘘くさい〟つくられた虚構と感じられた。今からたどり直せば、この虚構の皮膜が、両者の内側からの熱の膨張のため、いつ破れるかを、中学生の私はどこかで期待して見ていたのではなかったか。天体の観察や昆虫の生態などについて大人顔負けの知識を持つ少年がいるが、当時の私は、プロレスに関してはやけにくわしい知識をもち、胸中で妙に大人びた理屈をこねくり回す中学生だったという気がするのだ。

試合をつつむ虚構の皮膜が破れて、想像外のシーンがリング上に生じるという予感が、試合を見ている中学生の私の中でも膨張していた。そのせいか、虚構の皮膜が破れたあとの凄惨な光景そのものには、あまり衝撃を受けなかった気がする。ただ、皮膜が破れるきっかけとなる瞬間のシーンの正体が、私には謎のままだった。そして、木村政彦のいささかフェイント気味に見えた裸足の爪先での急所蹴りに対して、なぜ力道山は急に怒ったのか……その不可解さが重苦しく心にのしかかったのだった。

力道山が木村政彦の急所蹴りにわざと過剰に反応し、そのあとの容赦ない仕打ちの正当性の演出につなげた……これも、中学生の私の中にもあった想像のひとつだった。だが、そのあとの顔面への張り手や足蹴り、とくにリング中央へ引きずり出しての仕置きを思わせる顔面蹴り、そして木村政彦の昏倒のあげくそのままレフェリーストップで試合が終ったときの消化不良感への不満が、のちのちにいたるまで私の中に残ったのはたしかだった。

ただし、私の中にはとりあえず力道山が勝ったことへのひそかなる安堵感もあった。力道山が負けなくてよかった……そんな単純な反応は、大人びた理屈をこねくり回しながらも、つい顔を出す中学生の正味の心根ということになるのだろう。

〝力道山が勝ってよかった〟……この中学生的安堵感への記憶は、のちの私の〝あのとき木村政彦が勝っていたら〟という想像の引き金となった。木村政彦が勝者となっていたならば、今日へと連綿と受け継がれる日本のプロレスの歴史はなかったのではなかろうか。あの試合はたしかに、〝世間〟にとってもインテリ知識人にとっても、力道山ファンにとっても熱烈な力道山ファンの中学生たる私にとっても、そして何よりも力道山自身にとっても〝負〟の札ということになるだろう。

ただ、日本人にとってまったく未知の世界であるプロレスを、日本という土壌に根づかせたのは、何と言っても力道山なのだ。力道山は、そのプロレスと自分を一体化させ、プロレス＝力道山という色に染め上げた。プロレスという新しいジャンルに、日本という土壌にふさわしい味つけをして根づかせる目標を自らに課し、さらにそれまでの出自問題や大相撲の廃業にいたる経緯などにからむ〝世間〟から課せられた〝負〟の札へのリベンジを果そうという、野望を抱いていたにちがいない。

シャープ兄弟戦のタッグ・パートナーであった、自分より早くプロレスラーとしての体験をもつ木村政彦は、力道山にとっては使い勝手のよいいっときのパートナーとして調達した存在に過ぎなかった。木村政彦もまたそんなつもりでつき合ったくらいの経緯だったのではなかろうか。すべては、力道山プロレスの想像を絶する大ブレイクがもたらした、想定外のなりゆきの中につくられた突然のものがたりだった。あの試合からこれだけの時が過ぎ去ってみると、そんな推測もわいてくるのである。

力道山対木村政彦戦からの六十三年という時の経過は、〝力道山がなぜ急に怒ったのか〟というプロレス・フリークの中学生であった私の頭にこびりついた疑問を、別なアングルから溶かしてしまう。〝力道山はなぜ急に怒るのか〟という少年の疑問に対して、〝急に怒るのが力道山なのだ〟という、あっけらかんとした答えが浮かんだりもする。考えてみれば、あの試合以降の力道山は、試合の途中でなぜか〝急に怒る〟姿を看板にしていた。それは空手チョップをくり出す見世場へのきっかけとして不可欠なシーンなのだ。

したがって、クリーン・ファイトに終始する相手では、そのきっかけがつかみにくかった。クリーン・ファイターは力道山が苦手とする対戦相手であり、世界王者としてファンに絶対的な説得力をもつルー・テーズ以外は、クリーン・ファイターをくり返し招聘《しょうへい》することはなかったように思うのだ。そんなタイプとして、エンリキ・トーレス、ダラ・シン、ドン・レオ・ジョナサン、カール・クラウザー（ゴッチ）などが思い浮かんでくる。

そして、〝急に怒る〟という力道山プロレスへのヒントは何かと言えば、それは木村政彦戦ではなかったか。木村政彦の急所蹴りに対して、力道山が激怒した……という新聞記事の表現の内側にはいくつかの要素が含まれているように思えるのだ。あのとき、木村政彦が本気で急所蹴りを行なったのか、それに対して力道山が本気で激怒したのか……それはくり返し述べているように藪の中。ただ、力道山が急に怒りをあらわにして拳を握り「来るなら来てみろ」という感じでかまえた瞬間に、あの試合で唯一、問答無用のプロレスらしいどよめきがわいた。

そのあとの試合展開に気がいきがちだが、あの瞬間はたしかにプロレス色に染まっていた。その観客のうねりが、力道山プロレスにおける〝急に怒る〟という演出のヒントとなった。あの〝負〟の札となった試合の中で、その後の力道山プロレスへのヒントをつかんでいた……それは、きわめて力道山らしい鋭い感受性を考え合わせれば、あり得るように思えるのだ。そして、その意味でも力道山はあの試合で木村政彦を〝生《い》け贄《にえ》〟としていたのではないか……というのが、いつの日か力道山フリークではなくなった私の、今日におけるたどり直しである。

木村戦のあとの力道山は、力道山映画やほかの映画へも特別出演的な姿であらわれるなど人気を誇るスターとなり、表面的には力道山ブームがつづいていた。ただ、そのブームの模様を顕微鏡でのぞいてみれば、反則、凶器、流血、場外乱闘などが目立つようになっている。ジェス・オルテガのナックルパンチ、ミスター・アトミックの赤覆面にコインを入れる頭突き、銀髪鬼ブラッシーの噛みつき、〝赤いさそり〟タム・ライスの急所蹴り、グレート東郷の大流血といったあんばいだ。

これらの試合で、力道山は相手の反則をやり放題にさせておいて、ある瞬間急に怒ることの連続だった。そして、アナウンサーが「力道、怒りました！　空手、空手、空手チョップの乱打であります」と絶叫するのがお約束となった。

そんな中にあって、ルー・テーズとの何戦かには、力道山色とはちがうシリアスなシーンがいくつかあった。ルー・テーズのバック・ドロップを力道山が河津掛《かわづが》けでこらえるシーンは、力道山のルーツが相撲であることがクローズ・アップされることをふくめて、プロレス・ファンにとって見がいのある名場面だったはずだ。

ただ、ルー・テーズのクリーン・ファイトに対して、力道山は〝急に怒る〟ことができず、何かの拍子にルー・テーズがナックルでの拳打ちのかまえをみせ、それをきっかけに力道山が怒り、空手チョップをふるうシーンがしばしばあった。これは、力道山の見せ場をつくるためのルー・テーズらしい職人的な気遣いだったのではなかろうか。

ザ・デストロイヤーの4の字固めに苦悶の表情を浮かべた力道山が体を逆転させると、逆にデストロイヤーが攻められるかたちとなるシーンもまた、固唾《かたず》を呑んで見守るファンが一気に歓声をあげる効果を生んでいた。4の字固めは体を反転されれば利かなくなって、逆にダメージを負うのか……と、当今ではお笑いのギャグともなっているそのシーンを、観客も視聴者も首をかしげながら受け入れ、見守っていたものだった。

私は、大学を卒業して社会人となり、アパートの部屋に初めて白黒のテレビジョンを置いた。だが、編集者という仕事のせいで、金曜日の午後八時のプロレス中継にアパートにいるなどということのできぬ、変則的な勤務状態だった。私はプロレスとしばらくは無縁という気分になっていた。駅売りの「東京スポーツ」の見出しに躍る、〃銀髪鬼〃や〃魔王〃の太文字から得る情報が、プロレスとの唯一の接点だった。

力道山が、プロレス以外にも、ゴルフ場の開発、ナイトクラブやスポーツパレスの営業に手をのばして、羽振りの良さを誇っているという記事も読んでいたが、それに対して私は、かつて豪華な外車に乗って手を振る姿にうっとりとした頃とはまったくちがう、冷めた目を向けていたものだった。私にとっては、そんな時のながれの真っ只中における、力道山の突然の死だった。一九六三年十二月十五日のことである。

力道山の死を報じるマスコミは、ダーティな噂や力道山プロレスへの揶揄をふくんだものが多かった。私は拙著『力道山がいた』の中で、力道山という戦後日本の破格のヒーローが生まれるうえで、朝鮮出身の出自を、その輝きを増す重要な要素として書いたが、これについても当時のメディアでは興味本位の色づけをともなった内容が目立った。赤坂のナイトクラブでの暴力団とのいざこざで刺された死の一週間前の事件が、暴力団の縄張り争いと力道山の関係をクローズアップさせる要因ともなっていたという醜聞などに、プロレス・ファンは時をやり過ごす思いで首をすくめるしかなかった。

力道山プロレスは、〝世間〟を驚愕《きょうがく》させる大インパクトで出現するや、相撲や野球と並ぶ娯楽スポーツの頂点に、いきなりでんと腰をすえた観があった。しかし、出現時早々から〝世間〟の常識の芯にはらまれていた、アメリカからの移入ジャンルである伝統のないプロレスへの偏見と、力道山を胡散臭い存在とする視線の打撃が、時の推移とともにボディブローのごとく利いてきた。

そして、力道山プロレスの末期には、すでにプロレスはスポーツの埒外《らちがい》にある特殊でスキャンダラスなジャンルであるという定評が、〝世間〟には定着していた。

力道山映画が何本撮られようと、当時としてはめずらしいマンションである「リキマンション」をつくり、スポーツセンター「リキ・スポーツセンター」をかまえ、「クラブリキ」を経営し、ゴルフ場の建設に着手し、日本にはほとんどなかった高級外車を乗り回す豪華な暮らしぶりを誇示してみても、力道山に対するそんな〝世間〟の眼差しはくつがえるものではなかった。〝世間〟は、いつも〝世間〟なのである。

かくして力道山は、プロレスという未知のジャンルを、日本という土壌に定着させ、〝大入り必定〟の『忠臣蔵』における「殿中松の廊下」の塩谷判官による刃傷《にんじょう》の場面にかさなる、一般的日本人の心情をわしづかみにするような〝正義の味方〟の役づくりを編み出すとともに、リング上に〝あり得ぬシーン〟を具現させるプランを、次から次へと披露して、日本におけるプロレスの土台をきずいた。

その反面、力道山対木村戦、日常生活の豪華さ、実業家としての顔、出自をも掘り起こさせる巷での三面記事的事件などが膨張し、プロレスという領域の皮膜を破って〝世間〟の領域に踏み込んだとたん、マスコミの集中砲火を浴びるのだという教訓を、跡を継いだプロレスラーたちに残して力道山はこの世を去った。

そして、〝真剣勝負〟を土台とする一般的日本人による独特の眼差しの中で、プロレスラーがプロレスの枠内でならどのような虚構の演出をしても見逃されるものの、そこからはみ出して〝真剣勝負〟のけはいをちらとでも匂わせるならば、〝世間〟は多数決の勝者たる自信とともに、たちまち〝正義の味方〟化して、完膚なきまでの集中砲火を浴びせてくるという証明をも、力道山は残している。

これは、〝かわいげ〟のある活動をしているうちはよろしいが、〝かわいげ〟のない態度に出れば〝世間〟は容認してくれないという教訓でもあった。一般社会の常識を突き破って〝世間〟を刺激し、その返礼としての集中砲火を浴びることによって、初めてそのプロレスが、〝世間〟に意識されるという、逆説めいた解釈をすることもできたのであり、これもまた力道山によるその後継者たるプロレスラーたちへの重大な遺産だったのである。

そして、規《のり》を破れば〝世間〟が牙を剝く……ならばあえて牙を剝かせて〝世間〟の集中砲火を浴びつつ自らを顕在化させて見せようという道へと本能的にみちびかれていったのが、力道山の直弟子たるアントニオ猪木という存在だったのである。

街頭を占拠し、機動隊に投石する学生たち
1969年（毎日新聞社提供、三留理男撮影）

# 第2章
# 〝世間〟と〝過激〟

## 1　〝過激〟な風

一九八〇年に私は『私、プロレスの味方です』なる作品を書いた。

この作品は私にとって、力道山プロレスからイノキ・プロレスへと傾斜してゆく自分の勝手な想いを綴った作品でもあったが、〝物を見る〟あるいは〝物を考える〟上での自分の精神的ベースが、これを書くことによって自分の中にくっきりと輪郭をあらわしたという手応えをいだいた作品でもあった。そして、今回の作品を書くにあたってのいくつかのヒントやバネが、『私、プロレスの味方です』の中に埋め込まれていることをも、読み直しのあげく発見させられた。

そんなわけで、三十七年も前の作品を持ち出すのをためらう気持もあったが、若い世代の読者諸兄姉への自己紹介にもなるという、我田引水的な居直り気分で、『私、プロレスの味方です』に、恐縮ながらこの章の道連れとしての役を与えてみたい。

『私、プロレスの味方です』を書くにさいして、私は、〝世間〟と〝過激〟を対立軸とする構想を思い浮かべている。そして私は、この二つの言葉に自分なりの意味を込めて、文章を綴りながらプロレスについて考え作品を書いていった。

〝世間〟を辞書で引けば、「人々がかかわりあって生活している場。世の中。また世の中の人々」などと出ている。そして〃世間〃はごく自然に人々の口にのぼる言葉でもある。私は、この辞書にある〃世の中の人々〃のもつ、自らの常識あるいは通念として定着したものの見方に対して、それは多数の賛同を得ることを旨とするつまらぬ世界であるという否定的かつ挑発的意味合いを込めて、〃世間〃という言葉を用いていた。

〃世間〃は堂々と罷《まか》り通る大多数の意見を是とする姿勢の群れであり、その〃世間〃に勝ち目がないのを承知の上で弓を引くことに、〃長者《ちょうじゃ》の万灯《まんとう》〃より〃貧者の一灯〃といった気分をからめ、〃プロレス〃をクローズアップさせたつもりだったのである。

プロレスというジャンルは、〃世間〃の常識からも通念からも外れ、スポーツマンシップなる禁欲的で清潔で、公序良俗的な精神によるスポーツからもはみ出した、自由自在で伸縮自在な暗黙のルールによって進行する奥深い世界である。この発想に自らのプロレス体験によって味わった感触をかさねつつプロレスの真の価値を主張する……それが『私、プロレスの味方です』という作品を書くにさいしての私なりのとりあえずの戦略というものであった。

プロレスは〃世間〃の対岸にあって、さまざまな人生のヒントをふくむ特殊な価値にみちた領域であり、〃世間〃の目にはきわめて胡散臭く映る世界であるゆえに、魅惑的であり蠱惑《こわく》的なのである……という、今にしてふり返ればいささか力みの勝ったかまえと言えなくもない。

何しろ、常識や通念は、多くの人々が同じモノサシを共有するところから発するのだから、時をかけたあげくの多数決的価値観の勝者なのだ。その強者を否定してプロレスの価値を言いつのり、軍艦に体当りするイワシの戯画に自らをなぞらえ、〝世間〟と〝プロレス的世界〟の力関係を逆転したいというのが、私の物腰だったのである。

そんな情動をかかえて書いた『私、プロレスの味方です』が、奇本ゆえか偶然にもベストセラーとなったのは、十九年近くつとめていた会社の退社をもふくめたさまざまな意味で、私にとっては一大事の導火線となった。だが、この作品が一部から〝プロレスの市民権〟につながるとの好意的ながら過分な評価を得たことについては、ありがたさとともにとまどいを禁じ得なかった。

〝市民権〟という言葉には、〝世間〟という言葉の塵《ちり》を払ってさらにきれいに仕立て上げたような取り澄ました色合いがあり、プロレスがそこに通じるとの評価は、私の本意ではなかった。プロレスに市民権を与えるという言い方には、下の世界を格上げするニュアンスがあるが、私はプロレスに〝世間〟の埒を破る比類ない魅力を感じはするものの、〝世間〟の下に位するとの評価はしていなかったからである。

〝世間〟とともに、私が特別の意味合いを込めたのが〝過激〟という言葉だった。そこで、この〝過激〟という言葉が、『私、プロレスの味方です』を書いた一九八〇年という時点で、どのような色に染められていたかについて、ここで洗い直してみたい。

一九六八年頃に始まり、一九七〇年の日米安保条約自動延長阻止に向かう中で拡大した当時の学生運動は、一九六〇年の〝六〇年安保闘争〟としてクローズアップされた学生運動とは、まったく別物の要素をはらんでいた。十年前にあれだけの盛り上がりと波紋を広げ大きく報道された〝六〇年安保闘争〟をもってしても、けっきょくは日米安保条約の改定と新条約の成立を阻止するにはいたらず、その無力感を踏まえたかのように、従来の学生運動が禁じていた暴力的手段まで駆使して展開されたところが、〝六〇年安保闘争〟とちがう〝七〇年安保闘争〟の大きな特徴だった。

それゆえ、〝六〇年安保闘争〟を〝王道〟とするならば、〝七〇年安保闘争〟は学生運動の域を逸脱した〝邪道〟であるとの評価をも生んだようだった。だが、学生でもなく政治的思想などとも無縁の、いわば〝ノンポリ〟のサラリーマンだった三十歳少し手前の私は、その〝世間〟からヒンシュクを買うかたちで展開される学生運動のありように興味をそそられたのだった。学生運動の野次馬として〝邪道〟という色合いに気がいったという側面も充分にある。そんなわけで私は、〝七〇年安保闘争〟の渦中よりも、その渦が学生運動の外側にひろがってゆくムーブメントを、大いなる好奇心をもって打ちながめていたのだった。

当時の〝世間〟は、石を投げゲバ棒なるものをふるって機動隊に立ち向かう、従来の常識の埒を超えるがごときのその運動ぶりに、〝過激派〟なる批判的なネーミングを与えた。正統的な学生運動でない無頼、野蛮、暴力、非常識……などのイメージが、もちろんそのネーミングにはからみついていた。

だが、私自身はその学生運動のさそい出す波紋の肌合いにどこかで馴染んでいた。〝過激派〟たちの学生運動の波紋は、大学の教室における教師と学生の力関係を逆転させるところから発して、一般企業内の労働組合のあり方にも伝播《でんぱ》し、従来の企業内組合運動の〝常識〟を次々と反故《ほご》にすることにもつながっていった。教師が〝つるし上げ〟に遭うように、企業のトップや幹部が次々と同じ憂き目に遭ってゆく。

そして、この十年のあいだ高度成長をベースとする〝権力〟側の悠然たる安定感への窮屈感、無力感、不満、苛立ちとして蓄積されていったものが混然となったマグマが、〝過激な風〟にのって一気に噴出し、安定していた秩序への反発のエネルギーとして、それぞれの分野で頭をもたげてきた。

それらの現象は、学生運動に呼応したというよりも、そこを基点とした〝過激な風〟が生んだ、思いもかけず展開した時代模様にちがいなかった。

サブカルチャーの担い手と称されていたイラストレーター、漫画家、コピーライター、アングラ劇団などがにわかに注目を浴び、先行する文化のジャンルを押しのけてのし上がり、脚光を浴びるようになった。既成の常識や概念を打ち破る現象が次々とあらわれたのも、〝過激な風〟のもたらす絵柄と言えなくもなかった。

私は当時、「状況劇場」を主宰する唐十郎の才能に惹かれ、その作品を私が属していた文芸誌『海』の誌上に次々と掲載することにやり甲斐を感じていた。演劇に造詣も知識も持ち合わせぬ私に、〝アングラ劇団〟と呼ばれた「状況劇場」の稽古場へ唐十郎をたずねる熱を与えたのも、〝過激な風〟のもたらす一現象であったかもしれない。

それまで、演劇は劇場で演じるものという常識があった。弱小劇団はその劇場での公演が叶わぬため、自分たちの芝居を披露する劇場を求めることに四苦八苦していた。そこへ、唐十郎は河原者《かわらもの》という自己規定と独自の〝特権的肉体論〟をひっさげて、テント芝居を前面に押し出し、そのしたたかな劇をもって、劇場で上演される演劇を凌駕《りようが》する喝采を浴びていった。テントは伸縮自在の生きものであり、巷のどこかで芝居をやったかと思えば、翌日そこにはその痕跡もない……そのありさま自体が幻妙な演劇であるというのも、新鮮な主張だった。この逆転の発想は唐十郎個人のものであったが、テント芝居に拍車をかける要素のひとつが、「状況劇場」の紅《あか》テントを求めて群れをなす観客の心根の底にうごめいていた〝過激な風〟のそそのかしでなかったとは言い切れまい。

また、別の小劇団の空間にもそれとは別の意味で、〝過激な風〟に呼応する要素が生じていた。舞台上の劇で若い機動隊員と〝過激派〟らしい若者が乱闘をくりひろげ、若者が機動隊の男に完膚なきまで叩きのめされるシーンが展開されるのだが、その若者を叩きのめす機動隊員役を演じた若い役者が、翌日はヘルメットをかぶりゲバ棒を持って本物の機動隊の中へ突っ込んでいく……このような虚実の交錯に客の心がさそわれてゆくのもその一例だった。

あるいは、新宿カルチャーを標榜するタウン誌『話の特集』を舞台として活躍していた若手カメラマンやイラストレーターたちの輩出も、注目すべき徴候《ちょうこう》だった。『話の特集』を表現の舞台としていた若いカメラマンやイラストレーターたちからは、写真界や画壇の秩序や大御所へのコンプレックスなどと関わりのない、自由な表現ぶりが伝わってきたものだ。

そのような傾向は当然、いっときの反体制気分をそそる効果をも引き起こす。新左翼運動の三派をもじった〃心情サンパ〃なる呼称が生まれたのも、この時代のながれの中でのことだった。

ひるがえってみれば、当時の私もそんな〃過激派〃の余り風に便乗していた、論理も主張も行動もともなわぬ、漠然たる〃心情サンパ〃のひとりであったのだ。

〃過激な風〃は、このながれの中で秩序の枠内で鬱屈していた若者たちを惹きつけ、従来の方式での反体制運動との対立を際立たせて、そのいきおいで社会全般にゆさぶりをかけるかのごときいきおいだった……というのが、当時の私の虫瞰図的視覚で切り取った時代の様相である。

だが、その〝過激派〟の中からもはみ出す〝超過激〟ともいえる運動を展開していた連合赤軍による、妙義山、榛名山、迦葉山のアジトにおける仲間のリンチ殺害から〝あさま山荘事件〟へというながれへの、社会全体からの反発によって、〝過激な風〟の心情的影響力が一気に失墜した。

そして、〝過激な風〟のいきおいに押されて、それなりの理解を示していた一部のマスコミや知識人や文化人たちも、この二つの〝事件〟によって一気に本来の秩序感覚を取り戻し、〝過激派〟を糾弾する〝世間〟の枠の側に軸足をシフトしはじめる。〝過激な風〟の中にみとめざるを得ぬ価値を感じかけていた良識的社会人も、にわかに錯覚から目を覚まし我に返ったかのごとく、安心して秩序の安定へと気持を戻していった。

この一連の情勢に対して、いっときの力道山人気の爆発に熱狂したプロレス・ファンや、それに便乗していたマスコミが、力道山対木村政彦戦、そしてスキャンダルを身にまとった力道山の死のあと、掌《てのひら》を返すように力道山プロレスに向けた嘲笑と冷ややかさに転じた……あの感じに近いなどと、体内に力道山フリークの余熱を棲《す》まわせている私は、自分好みの迷想にふけっていたものだった。

〝世間〟は、ついこのあいだまで吹き荒《すさ》んでいた〝過激な風〟など、遠い昔の夢あるいは錯覚……というふうに本能的に忘れ去り、自らの及び腰を立て直して日常の秩序あるいは業務へと軸足を戻していったのであった。

## 2　マルクスより『水滸伝』

そんな時代模様の中で、ある深夜に偶然目にしたテレビの画面が、私の頭に異様な快感をもって突き刺さった。

画面に映し出されていたのは、たしか東京12チャンネルの「ドキュメントトーク」と題された、いわば二人の対論形式の番組だった。一方はそれまでも〝良識〟の立場から〝過激派〟を批判しつづけていた経済学者のS氏、その相手は〝過激派〟に近い立場を代表する役目の竹中労だった。

〝あさま山荘事件〟のテレビ実況中継と、〝妙義山、榛名山、迦葉山のリンチ殺人事件〟のマスコミ報道の直後の放送でもあり、S氏は最初から意気ごんでいるように見えた。その表情には、秩序を取り戻し我に返った〝世間〟にあと押しされている自信がみなぎっていた。

一方、竹中労はトレードマークの鳥打帽をまぶかにかぶり、居直って黙秘を決めこむ容疑者のごときふてぶてしさで、〝世間〟からの批判は百も承知とばかり、ノーガードで相手のパンチをさそうボクサーよろしく、不気味な余裕をその無表情にあらわしていた。口火を切ったのはやはりS氏、

「どう責任を取るんですか。キミたち評論家が学生たちを煽り立てたあげくのこの事態に、いったいどういう責任を取るんだ」

その恫喝《どうかつ》めいた物言いには、〝世間〟の秩序を代表して〝過激派〟の学生の煽動者を糾弾するという正義感がみなぎっていたものだ。だが、竹中労はふてぶてしさと不気味な余裕を保ったまま、沈黙をつづける。

S氏は、仲間へのリンチ殺人事件や、あさま山荘で一般人を人質として立てこもるなどの行状を具体的にあげ、これにいたったのは、当時のいわゆる〝進歩的文化人〟たちの煽動の忌わしい結果であるとして、その一員たるキミはどう責任を取るのだとさらに言いつのった。

スタジオには何人かの学生や一般の男女がいて、竹中労の反応をじっと見守っていた。こんな逆風の中で番組への出演依頼に応じた竹中労が、いったい何を抗弁するつもりなのか……という空気が充満しているようだった。

実は、竹中労は当初S氏の相手に決まっていた映画監督若松孝二の代役を買って出るかたちでこの番組に出演したのだった。若松孝二は、〝過激派〟の一部との連携によるドキュメンタリー映画作品の製作中でもあり、当局によってきびしくマークされる存在となっていたからだった。その代役として平然と出演している竹中労の凄みが画面から伝わってくるのを、私は感じていた。余談だが、この時から三十五年の時をへて、若松孝二は同じテーマを自らの内で熟成させつつ追いつづけ、『実録・連合赤軍　あさま山荘への道程』をタイトルとする骨太な作品として完成させている。この映画の冒頭に「この作品に描かれた事件や出来事はすべて事実だが、一部フィクションも含まれる」という言葉が出て来るが、そこからはいかにも若松孝二らしい匂いが立ちのぼっていた。

それはさておき、画面にアップにされているのを承知の上といった感じで、しばらく黙秘犯的な沈黙をつづけていた竹中労が、たっぷりと時間をかけて口をひらいた。

「まずひとつ訂正しておくが、俺は評論家ではなく……ルポライターだ」

このセリフに、スタジオの人々は面喰らってどよめき、S氏は怒りをあらわにして、それは何なんだ!というような言葉を発しつつ、興奮のためふるえる拳を握りしめていた。

「もう一度言う。俺は評論家ではない、ルポライターだ」

竹中労は、同じ言葉に重みを加えたっぷりと間をとってくり返した。

〝世間〟的には〝評論家〟はすでに認知されている肩書であり、それに対して〝ルポライター〟など、編集者や記者の下請けあるいはアルバイトまがいの輩にすぎぬという評価が、当時はたしかにあった。したがってS氏が〝評論家〟と名ざしたのに対して、格下の〝ルポライター〟なる身分を言い張る必要がどこにある?　そんな空気がスタジオに生じていた。

私は、ここでテレビ画面に身を乗り出した。竹中労の言葉には、〝俺は責任のない評論家などではない〟〝過激派〟の現場にかかわり合いをもつ人間のひとりであるからこそその場にいるのだということを明白にさせる、〝世間〟の逆風の中での覚悟が見えた。そしてそこに、〝世間的〟な肩書の上下への通念を自明のこととする考え方への冷笑をからめてみせたにちがいなかった。

〝過激な風〟が、学生運動そのものの外側に拡散させた波紋の中に、肩書の上下感を溶解させたという現象は当然ふくまれていたはず。従来の観念に危うさが生じていることにも気づかぬらしいスタジオ内の空気へのやわらかいたしなめを、私は竹中労の不気味に静かでふてぶてしいセリフから感じ取ったものだった。

だが、スタジオにいる老若男女は、そんな錯覚はすべて終ったことではないか……と首をかしげる様子だった。対論の相手たるS氏は、その追い風をさらに際立たせるかのごとき打ちふるえる口調で、

「仲間をリンチで殺す人殺したちを煽り立てた責任をどう取るんだ！」

と、正義の鉄槌をくだす者に自らをなぞらえるかのように叫んだ。

それに呼応するように、竹中労はおもむろに口をひらいた。

「俺は、他人の殺意について、その殺意を消してほしいと思ったことが、これまでに二度ある。そのひとつは、終戦直後の上野の焼け跡で、死体の口から金歯を盗んだ男がみんなにつかまり、リンチされて殺されようとしている光景を見たときだ」

〃あとひとつ〃の例は喋らなかったのではないかと記憶しているが、いまとなって考えれば〃二度〃と口走ったのは、竹中労の言語的戦略であったかもしれなかった。

スタジオ内には、竹中労のこの言葉の意味をひそかにさぐるような沈黙がつづいた。すると竹中労は、ゆっくりとした口調で、

「連合赤軍が駄目だったのは、彼らが〃過激〃であったからではなく、〃保守的〃だったからである」

と言い放った。そしてそのあと、「何を馬鹿なことを！」と反発するスタジオからの罵《ば》声《せい》に動じることもなく、滔々《とうとう》と自説を展開した。

日本において革命を起こし、その革命を世界に広げようという連合赤軍の方向性は、従来の革命運動の方向性と何ら変らない。ゆえに保守的であった。革命の火種はむしろ、アジアのそこかしこに生きる窮民の中にあるのだ。そのアジアの窮民と出会って彼らと〃一味同心〃することで、日本の革命論の閉鎖性を乗り越えなければならない。それが我々にとっての目下の最重要課題である。アジアの窮民と手を結ばず今の安定した日本という土壌の中に革命の火種を求めるのは、よって正しくない。連合赤軍は、保守的な方向性を捨ててアジアの窮民と連帯し、さらなる〃過激〃へと向かわなければならなかったのだ……

竹中労は怒号とざわめきの中で、悠然と語りつづける。

『資本論』でなく『水滸伝』を革命の教科書とすべきであり、マルクスがブルジョアジー

とプロレタリアートを対立軸としたときに切り捨てた、プロレタリアートの下に位置するルンペンプロレタリアートすなわち窮民こそが革命の火種である……これは、当時において竹中労が平岡正明らとともに唱える〝窮民革命論〟の骨子を成す主張だった。

その発想を軸とする竹中節ともいえる古風と新風をあやつる独特な文章のテンポを、私はテレビ画面に見入りながら思い出していた。だが、S氏やスタジオにいる人々の耳には、竹中労の言葉は空理空論としか伝わらなかったはずだ。竹中労は、S氏やスタジオ内からの自分への理解など初手《しょて》からあてにしていないという無表情で、よどみなく持論を喋りつづける。

竹中労の展開する言葉を、S氏やスタジオにいた老若男女は、あまりにも唐突な妄論《ぼうろん》として聞きながしている様子だった。

これは、きわめて大雑把でしかも自分好みの記憶のたどり直しであるかもしれぬが、あの番組の刻々の画面が、妙にくっきりと私の目に灼きついている。それは、私にとって〝世間〟が秩序ある日常生活への自信を急激に取り戻しているこの時世における、激動の季節の最後っ屁のごとき幻想的なけしきだった。そしてその幻想的なけしきの中に、消えかかった〝過激〟という言葉を照らし出す、一瞬の光を見たような気がしたのだった。

あの番組は、私の頭に〝過激〟という言葉の火種を、かろうじて残してくれた。そして、〝評論家でなくルポライターである〟というセリフや、アジアに対して負い目を感じていいはずの日本人が、アジアを切り捨てて日本内の革命論に終始したあげく、内ゲバや同志殺しに行き着いてしまった行動を、〝過激〟ではなく〝保守的〟と断じる竹中労の論法からは、〝負〟の札を〝正〟の札に裏返す怪しい手品を見るような味わいがかもし出されていた。

そのあとも私は、〝過激〟という言葉の残照を、頭の中でころがしつつも、竹中労の示唆する社会的行動とはかかわりのない日常の日々をおくっているだけだった。ただ、あのテレビ番組のシーンによって、〝世間〟と〝過激〟を対比させる感覚を、自分の体の底に棲みつかせた手応えを、ひそかに感じ取りつづけたのもたしかだった。

しかし、そんなこととはかかわりなく、〝世間〟が取り戻した秩序や常識への自信は、その後も足なみをそろえて時代に息づきはじめていた。〝過激〟という言葉は、着実に批判的、否定的な衣をまとって水の底へ沈んでゆくようだった。

私が、ひょんなきっかけから『私、プロレスの味方です』なる作品を書いたのは、天気晴朗にして波また静かなり……といったそんな時節の只中でのことだった。この作品を書くにあたって、もはや水の底深く沈み込んだ石と化す寸前の〝過激〟という言葉を拾い上げ、これを肯定的な色合いに染め直してみようと、私なりに目論んだのである——。

## 3　『私、プロレスの味方です』の主張

『私、プロレスの味方です』を書くにさいして、プロレスという摩訶不思議な世界を表現するために、私はいくつかの自家製の言葉を無理矢理に紡ぎ出している。〝過激〟〝世間〟〝凄み〟〝殺気〟〝間合い〟〝残心〟〝人生〟などの言葉に私好みの色づけをほどこして、虚実の交錯にみちた反則ぶくみのプロレスの性格を意識しながら用いた。

また、「ジャンルに貴賤なし」「凶器と武器のカンケイ」「プロレスはクソ真面目に見よう」などの章をもうけたのも、〝世間〟と〝過激〟を対比させつつ、さまざまなアングルからプロレスに光を当ててみようと目論んだ結果だった。

そんな私なりの当時におけるかまえが、『私、プロレスの味方です』の「あとがき」にもあらわれている。

「こんなプロレスをやっていたら、一〇年もつ私のプロレスの寿命が五年になるかもしれませんが、こうなったら、どんな相手の挑戦でも受けます！」

これは、昭和四八年（一九七三＝村松註）一二月一〇日に東京体育館で行なわれたNWF世界ヘビー級選手権試合（のちにNWA加盟のため「世界」の文字が消える）

で、ジョニー・パワーズを破ってチャンピオン・ベルトを腰に巻いた直後、リング上のインタビュアーに答えたアントニオ猪木の言葉である。

私はこの言葉を今でも強烈に憶えている。なぜこだわったかと言えば、「こんなプロレス」という言葉の対岸に、否定すべき「あんなプロレス」が透けて見えたからだった。

それから六年余。タイガー・ジェット・シンとの過激な抗争、ストロング小林、大木金太郎、坂口征二ら宿敵に対する容赦ない熾烈な試合ぶり、アンドレ・ザ・ジャイアントとの工夫ある闘い方。ボブ・バックランドやスタン・ハンセンを真っ向から受け止めるタイトル戦。ウィルエム・ルスカにはじまる一連の格闘技戦のすべてを、私は「こんなプロレス」というキー・ワードを頭に見続けた。そして、やっとその輪郭が見えてきたような気がするのだ。

アントニオ猪木は、タイガー・ジェット・シン、アクラム・ペールワン、上田馬之助、ウィリー・ウィリアムスの腕を脱臼あるいは骨折に追い込んだ。そのかわり、猪木の肉体には、あれ以来すべての対戦者によるダメージが蓄積されてしまった。首、腕、アバラ、脇腹、膝など、肉体の要《かなめ》ともいえるすべての場所に〝爆弾〟をかかえる猪木……。相手の腕を折る覚悟をもつプロレスは、相手に己がアバラを折る勇気を強いるプロレスでもあるのだ。

猪木が言った「こんなプロレス」とは、こういう世界なのだと私は思うようになった。満身創痍《まんしんそうい》のアントニオ猪木と、デビュー以来千数試合無欠勤のジャイアント馬場とを比較するまでもなく、アントニオ猪木の試合そのものがそれを語り続けているのである。

アントニオ猪木の「こういうプロレス」を、私は「過激なプロレス」と命名した。「プロレス内プロレス」に対して一線を画する「こういうプロレス」もあるのだということをぜひ明確にしたかったのだ。

「プロレスの味方」である私が、さらに突っ込んでどんなプロレスの味方かと問われれば答えは簡単、「過激なプロレス」の味方である。

第1章で述べたように、力道山が日本という土壌にアメリカからプロレスを移入したとたん、プロレスは庶民の感情をわしづかみにして大ブレイクし、やがて〝世間〟の秩序を逆なでするまでに肥大したあげく、蔑視のホコ先を向けられて、〝スポーツ精神〟に馴染まぬ別物のジャンルとの烙印を押された。だがそれゆえに当初の力道山プロレスそのものがスキャンダラスで〝過激〟な存在であったとも言えたのだった。

しかし、〝世間〟から否定的な意味での〝過激〟という言葉をおびき出すためには、力道山による日本への衝撃的なお披露目のごとくプロレスが〝世間〟に突出し、その秩序感覚をゆさぶるところまで膨張しなければならない。その膨張を成しとげたのは力道山という存在の大いなる成果であったが、力道山プロレスにまつわる話題は、しだいにプロレス・ファンにのみ向けられる暗号めいたものとなって、〝世間〟という灯台に照らし出されることのない、プロレスという箱庭のなかのうごめきという色合いに染まっていった。

したがって、〝世間〟はプロレスを視野に入れることがなくなり、ある時期以降の力道山プロレスを〝過激〟と忌み嫌う必要もなくなった。そして、〝世間〟的な意味でも、私流の肯定的意味の中でも、プロレスは〝過激〟ではなくなって、ファンだけが見守る、特殊なジャンルと化していった。〝世間〟は、プロレスを軽視あるいは蔑視の対象とするのではなく、悠々と無視するようになったのだった。それでも私は、そんな箱庭の中のざわめきに隠微な愉《たの》しみとともに目を凝らしつづける、プロレス・ファンの一人であった。

実際、プロレス内プロレスの中にも、強烈なインパクトを私に刻み込んでくれたプロレスラーが、多く存在したのはたしかなことである。

ディック・ザ・ブルーザー・アフィルスの極限を超える威嚇的ラフファイト、フレッド・ブラッシーの天才的演技力とセリフ術、菜食主義の肌合いを伝えるような冷たい〝殺気〟をただよわせるキラー・コワルスキーの陰気で不気味なたたずまい、〝鉄の爪〟フリッツ・フォン・エリックの〝アイアン・クロー〟の謎めいたしかし強烈な説得力、ボボ・ブラジルの問答無用の頭突きという表現方法の悲しさ、〝白い魔王〟ザ・デストロイヤーの

4の字固めからなぜか伝わってくる痛さ、アブドゥーラ・ザ・ブッチャーの愛嬌と哀しみの入り混じる個性的味わいにみちた存在感、タイガー・ジェット・シンの過激な役割意識による果てしなき演技……これらの〝悪役《ヒール》〟レスラーは、私の心の中に素直にうごめきを生じさせた。

また、エンリキ・トーレス、ダラ・シン、ドン・レオ・ジョナサン、カール・クラウザー（ゴッチ）、ルー・テーズといった、どちらかと言えば力道山とからみにくそうな感じだった〝正統派〟レスラーたちの〝神秘性〟にも納得させられたものだった。

ゴッチ式のヒンズー・スクワットとテーズ流のヒンズー・スクワットの、どちらが自分好みか……などと思いめぐらしていたのも、私が箱庭的プロレスの中で興奮しているファンの一人であった証拠だ。

だが、そんな記憶を前提として、プロレスの価値に対する表現を〝世間〟に伝えようとするために、私はいくつかの自己流の造語を用いざるを得なかった。たとえば〝凄み〟もその一つである。

〝凄み〟っていったい何？と問われても答えようのない、観客である私の体感をあらわす非論理的な表現だが、それしか思いつかなかったし、この〝凄み〟には私なりに満足している。

そして、プロレスのその〝凄み〟が〝世間〟にとどいていたかと言えば、やはり水面下のけしきとしてしか映らなかったはずだ。そして、それゆえに〝凄い〟のだ、と……私は〝味方〟という役づくりのなかでくり出す勝手な展開の中に、読者を巻き込もうと目論んだ。

ただ、ブラッシーの〝噛みつき〟で死者が出た社会現象や、力道山とザ・デストロイヤーとの４の字固めのせめぎ合いによる死闘の高視聴率がマスコミにクローズアップされたとしても、だからといって〝世間〟を苛立たせ刺激し本音を引き出す効果は生じなかった。この範囲内であれば、プロレス馴れした〝世間〟はプロレスというコップの中のいささか騒々しい噂ばなしとして、悠然と見おくり聞き流すのである。

スーザン・ソンタグという女のヒト（アメリカの女性作家であり文明批評家であるヒト＝原本中の村松註）は、〝ある物をポルノグラフィと感じたとき、では何がポルノグラフィでないのかという問題を提起する点に、ポルノグラフィのもっとも大きな意味がある〟と言っている。私、ポルノグラフィのもっとも大きな意味は別にあると思うけれど、ソンタグ氏の言う意味は大きいと思う。

つまりプロレスも、「プロレスが胡散くさいのなら、何が胡散くさくないのか」という問題提起をふくんでいるのです。

これも『私、プロレスの味方です』からの引用だ。

プロレスという存在の胡散臭さが、それなら何が胡散臭くないのか?という逆照射力を〝世間〟にとどかせたなら、たしかにソンタグ氏の〝ポルノグラフィ論〟におけるポルノグラフィの価値とつながってくる。

力道山の比類ない演出力によって大ブレイクしたプロレスは、戦後の時代空気を巻き込み、胡散臭さを最大限に発散して〝世間〟の秩序を刺激し苛立たせ、反発を生んだ。したがって、力道山は、〝世間〟の蔑視や差別の構造をさそい出し得た。その意味でそのプロレスのスキャンダル性は、ポルノグラフィの逆照射力とかさなる効果を生んだと言えるだろう。つまり、私が〝正〟の札として用いようとする〝過激〟と一致するのである。

そうやって力道山プロレスがさそい出した〝世間〟の秩序の苛立ちを、一つの試合に向けてつのらせたのが、〝真剣勝負〟という札を切った力道山対木村政彦戦だった。あの試合が暴き出した〝世間〟の蔑視感や差別感の加速的暴走は、ポルノグラフィ的いや〝過激〟の面目躍如だったと言えるだろう。

そして、力道山の死にさいしての〝世間〟の秩序とマスコミの連携による、スキャンダルがらみの勝ちほこったような冷笑的反応ぶりが、力道山プロレスが炙《あぶ》り出した〝世間〟の蔑視感や差別感の最後のけしきとなった。

つまり、力道山プロレスは、燃えつきる直前に一瞬、存在価値の炎を放ち、そして心もとない残照をゆらめかせたのだった。つらつらふり返ってみれば、力道山は〝世間〟が普遍的に〝好み〟としてもっている〝差別〟という意識を〝世間〟から暴きだす、十分に〝過激〟な存在だったのである。

プロレスとは、プロのレスリングではない。これは、なかなかプロレス者《もの》を惹きつけるテーマであります。プロボクシングはプロのボクシングであるが、プロレスはプロのレスリングではない。ここのところが実に重要なのです。

プロレスとは、プロレスとしか呼びようのない、いわばジャンルの鬼っ子なのであり、そしてこのジャンルの鬼っ子たるプロレスは、ジャンルの中での市民権を獲得しないまま今日に至っているというのが、ま、私の認識である。そしてその市民権を獲得せず、鬼っ子であり続けているというところに、プロレスの魅力と凄みがあるのだ、と私は思っている。プロレスは、オリンピックの対極にある野卑な存在であり、そこが実に良い。これは単なる逆説ではなく、本当にそうなのだ。

そういう意味で、〝型のやりとり〟やショー的要素をプロレスはたしかに含んでいる。しかし、それだけではない「何か」があることもたしかであり、その「何か」を必死で見つけるのが、観客たるものの責任であり使命であり、そして観客だけのもつ特権であり悦楽なのであります。

プロレスは殺陣《たて》に似ているな、というのはかなり前からもっている私の感想だ。プロレスにも色々あるように、殺陣にも色々ある。

（以上『私、プロレスの味方です』より）

ここに本身を使っての殺陣が売りものである二人の殺陣師がいるとしよう。激しい鍛錬を基礎とし、綿密な打ち合わせによって成り立つ殺陣は、もちろん「殺し合い」ではない。しかし、本身の剣というものが介在する以上、これはあらゆるハプニングの可能性をふくんだ「試合」のような様相をおびてくる。

二人の殺陣師は、本身の剣を使って芸の「果たし合い」をしているのである。ところが、銀紙を貼った竹光の殺陣は、もちろん芸の習練の上に成り立つけれども「果たし合い」ではない。どちらがむずかしいかというようなレベルのことではなく、実はこの二つは、較べることのできない別の世界なのだ。

この秋の大阪と広島におけるアントニオ猪木対スタン・ハンセンのNWF戦（結果は猪木の二連勝）では、同じ人たちが「ハンセン・コール」と「イノキ・コール」を叫んでいた。これは、本身を使った殺陣のような過激なプロレスを展開する二人によって、同じように興奮させられた声だろう。二人は、本身を使った度胸ある練達の殺陣師のようだったのである。

そして、過激なプロレスは、そのような本身をもつプロレスラーの存在に支えられるのであり、アントニオ猪木一人では守り切れない。アントニオ猪木とつるむ相手役が必要なのである。

（以上『当然、プロレスの味方です』より）

これらの文章を読み返してみると、とかく〝世間〟から蔑視、軽視されるプロレスの反則や八百長をふくむ構造をあえてぎりぎり表面に出し、プロレスの〝味方〟として〝世間〟への煙幕を張っている、一九八〇年当時の私の姿勢というか意識のありようが伝わってくる。そして、プロレスという額縁の中に生じてきている、イノキ流のプロレスにその序章から目を凝らすかまえが見て取れるのもたしかだ。

しかし、これはあくまでイノキのプロレスという額縁の中での過激性であり、その過激性の匂いゆえにかろうじてプロレス世界が、〝味方〟するに足る価値を保有しているのだとの認識であり、力道山がかつて〝世間〟の秩序感覚に苛立ちを与え、蔑視感という本音をさそい出したような挑発にまでは至っていなかった。

その〝過激なプロレス〟の証として、スタン・ハンセンとの熾烈な一騎打ち、タイガー・ジェット・シンとの苛烈な抗争、あるいは柔道五輪王者であるウィルエム・ルスカ、極真空手の雄ウィリー・ウィリアムスとの異種格闘技戦などをあげ、イノキがいかに特殊な意識をもったプロレスラーであるかを強調してもいる。

その姿勢が〝イノキびいき〟と映ったのもたしかだろう。その私の物腰が〝世間〟の価値観とのバランスをベースに、用心深くあるいは思慮深く命脈を存続させているプロレスを見守るファンのあいだに、余計なざわめきを生じさせたかもしれなかった。それはもちろん、想定内の反応であった。

だが、三十七年前に〝味方〟というタイトルに沿ってプロレス愛のテーマを書き綴るさい、イノキが力道山以来の〝世間〟の差別感を露呈させ得た重要な一事について、真正面からの取り組みを敬遠してしまったことが、今となっては大いに悔やまれる。

その一事こそ、〝プロレス内プロレス〟と対をなしていたイノキ流の〝過激なプロレス〟がその表面張力をさらに突き破って〝世間〟にほとばしり出た、モハメド・アリへの挑戦表明という〝暴挙〟だったのである。

そして、『当然、プロレスの味方です』の中で私は、「モハメッド・アリが出現したとき、『まるでプロレスラーみたい！』と思わなかっただろうか。『蝶のように舞い蜂のように刺す』といった彼のテーマとプランは、あきらかにプロボクシングの範疇を越えた独自のもの、つまりプロレス的だった」という言い方をしているのだが、そのモハメド・アリがあらゆるプロボクサーの中で、もっとも〝プロレス〟的な色彩の濃いタイプのボクサーであったことに思い到れば、〝プロレス内プロレス〟と距離をとって自己流〝過激なプロレス〟を推進するイノキが、アリにただようプロレス的匂いにさそい込まれるようにしてジャンルの枠を超え、奇跡ともいえる点と点を結びつける行動に打って出ていったという構造が見えてくるのだ。

これはおそらく、当のイノキすら意識することのなかったであろう、ある意味で神話的な点と点のものがたりなのである。

そこで、これまで自明のごとくモハメド・アリの名を何度も記してきたが、そろそろこのモハメド・アリとは何者なのかという……これまた深い淵に分け入らざるを得ない。

ローマ五輪ヘビー級で金メダルを獲った稀代のプロボクサー、WBC世界ヘビー級チャンピオンの座に三度返り咲いた稀有《けう》なる実績、大方の予想をくつがえしてジョージ・フォアマンをKOしたキンシャサの奇跡、蝶のように舞い蜂のように刺すリング上の試合ぶり、ロープ・ア・ドープという謎めいたかまえ、相手への催眠術的暗示と言われる「フー・アム・アイ!」などの試合中の叫びなど……いくつものキーワードが張りついているモハメド・アリという複雑きわまりない深い淵。

そこへ分け入るために、アリと黒人問題がどのようにからみ合っていたのか、そして当時のアメリカの白人による黒人〝差別〟、またアメリカ黒人自身の黒人への〝偏見〟が、どのようにからみ合っていたのかというあたりまで探っていかざるを得ないのである。

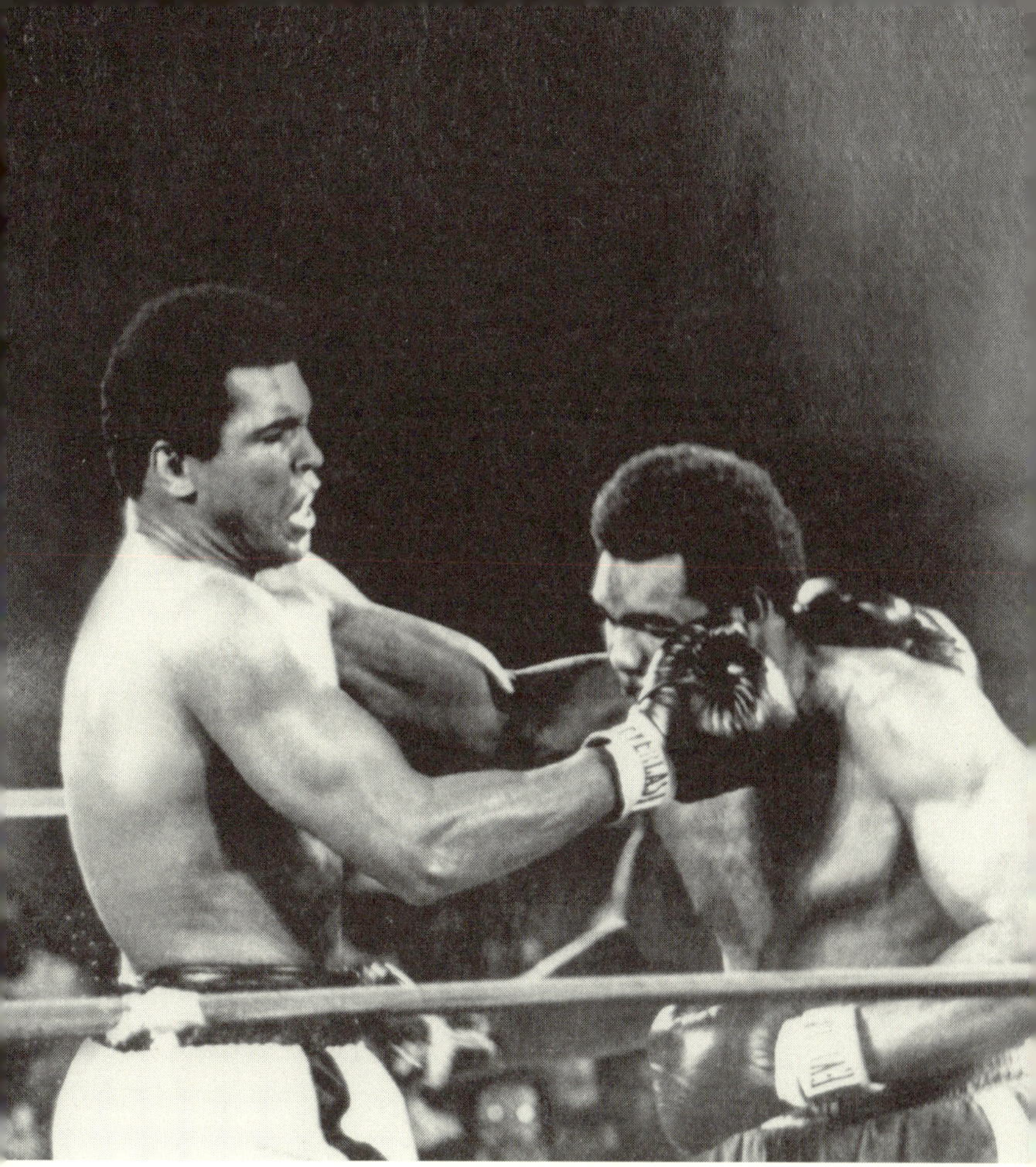

ジョージ・フォアマンにパンチを放つモハメド・アリ　1974年（共同通信社提供、UPI＝共同）

# 第3章
# アリの筋道

## 1　アリと〝過激〟な黒人運動

日本のスポーツ・ファンが、二十二歳のカシアス・クレイというボクサーの存在を、衝撃とともに目に灼きつけたのは、一九六四年に行なわれた、誰も倒すことはできぬ史上最強のチャンピオンと定評のあったソニー・リストン戦におけるその幻妙とも言える試合ぶりを、テレビ画面で目にした瞬間であったにちがいない。

試合の賭け率が一対七という絶対不利な下馬評と裏腹に、試合が始まってみればクレイは最初からリストンを圧倒し、のちに有名となる〝蝶のように舞い、蜂のように刺す〟という自らのアピール通りの試合ぶりをつらぬいた。クレイは、リストンのパンチをスウェイバックでかるくかわして見せ、ダンスのような軽快なステップで翻弄《ほんろう》してパンチをまったく当てさせず、鋭いジャブと素早いストレートでひたすら痛めつけるようなボクシングを六ラウンドまでつづけた。

さて、仕止め方は……とテレビ画面に見入り、七ラウンドの展開を想像して身を乗り出したが、リストンはコーナーの椅子から立つことができず、結局はレフェリー・ストップによる勝利だった。ここまでは、若く優秀なすさまじい新人があらわれたものだと感服する気分が生じるボクシング・シーンという印象の範囲内だった。

だが、リストンのうつ向いた姿がアップにされ、レフェリーが裁定をくだした直後、テレビ画面の中のけしきが激変した。観客に勝利を告げるためクレイの手を上げようとするレフェリーの手をふり切って、バネ仕掛けの人形のような激しさで、トップロープに駆け上がるや、クレイは自らの胸をグローブで指さすように何度も叩き、「アイ・アム・ザ・グレイテスト!」という雄叫《おたけ》びを連呼した。その狂乱的なシーンによって、カシアス・クレイの存在が、日本のボクシング・ファンの目にも一気に突き刺さった。

これは、プロレス・ファンの私にとっても衝撃的なシーンで、ロッキー・マルシアノの引退以来、しばらく低迷していたヘビー級ボクシングにふたたび目を向けるきっかけとなった。マルシアノ以後のボクシング界の話題は、ヘビー級よりむしろ中量級のスターの魅力が取沙汰されるようになっていたのだが、このリストン戦のシーンによってヘビー級への興味をいっぺんに呼びもどされた……というより、カシアス・クレイという稀代のボクサーの存在によりボクシングという世界に新たなる輝きを感じさせられたと言った方が的に近いだろう。

おそらく、日本の平均的ボクシング・ファンも、私と同じ気分でカシアス・クレイの出現に大喝采をおくっていたにちがいない。世界へビー級ボクシング界に救世主があらわれた……クレイの出現は、そんな思いを極東の果てにまで、問答無用にとどけたのだった。

だが、当時のアメリカの白人にとってのカシアス・クレイはまったくそれとは別物であり、ヘビー級ボクシングの救世主の役をクレイに託すなど、とんでもないことだった。

のちにカシアス・クレイの神話の発端のように語られる、ローマ・オリンピックにおいてボクシングライトヘビー級での優勝を果したが、その後に黒人である自分への差別に反発し、獲得した金メダルをオハイオ川に投げ捨てたという、ファンにとってアリの伝説にとって欠くべからざるエピソードも、アメリカ白人にとっては許すべからざる星条旗への不埒な反抗でしかなかった。

つまり、ソニー・リストン戦の衝撃的イメージによって、カシアス・クレイが一躍カリスマ的スターになったというのは、アメリカ本土を外した世界での受け止め方だったということなのだ。大雑把に言えば、ソニー・リストンとの試合で、カシアス・クレイは世界的なスターになったが、生まれ育ったアメリカ本土の主導権をにぎる、アメリカ白人には歓迎されぬどころか、大ブーイングのホコ先を向けられる悪役《ヒール》としてデビューしたことになるのである。

ただ、それを前提として、大方の予想に反したリストン・クレイ戦の結果が、アメリカ白人の思考の方向感覚を攪乱《かくらん》し、当時の社会情勢の中に何が起きてもおかしくないという可能性への覚醒をもたらしたのもたしかだった。

クレイは、リストンとの試合に勝ち、WBC世界ヘビー級チャンピオンの座についたあと、マイアミの最高級のホテルのひとつで行なわれることになっていた祝勝会をボイコットするように欠席した。クレイは、リストン戦のための臨時ジムのあった黒人ゲットーで、マルコムXやソウル・シンガーのサム・クック、あるいは黒人運動のリーダーなどとの個人的な時間を楽しむことで、その夜を過ごすことを選んだのだった。

そして翌朝、マルコムXと一緒に朝食をとったあと記者会見を開き、クレイは自分とイスラム教との関係を公式に表明するのである。

「マルコムX」を事典で引けば、「アメリカ黒人運動指導者。ニューヨーク市ハーレムのナイトクラブで給仕をしていたが、獄中でブラック・ムスリム（黒人イスラム教徒）に入り、急進的な黒人運動で重要な役割を演じた。一九六四年ブラック・ムスリムを脱会し、アフロ＝アメリカン統一組織を設立した。ブラック・ムスリムとの対立抗争でしばしば生命の危険にさらされ、六五年射殺された」（『ブリタニカ国際大百科事典』）と出ている。

黒い回教《ブラック・ムスリム》は、アメリカの一部の黒人の間で信奉されていた、社会的宗教運動であり、キリスト教を、非白人を奴隷化する道具であるとして攻撃し、彼らの願いはイスラム教国の回復だった。そしてブラック・ムスリムは、とくにその白人に対する戦闘的姿勢をもって、都市移住黒人のあいだに広がっていた。

ブラック・ムスリムにおいて急進的な役割を演じ、のちに脱会したマルコムXの名が、ソニー・リストン戦直後の祝勝パーティをボイコットしてカシアス・クレイが共に一夜をすごした仲間の中にあらわれる……この構図によって、カシアス・クレイとイスラム教徒の中の戦闘的な黒人運動とのかかわりが、すでに描かれていたのである。

クレイとマルコムXの出会いとその後のアリのブラック・ムスリムとの運命的なかかわりについては、豊浦志朗『叛アメリカ史』やマイク・マークシー『モハメド・アリとその時代――グローバル・ヒーローの肖像』などによる魅力的なガイダンスを参照しながら追っていきたい。

ローマ・オリンピックの金メダルをオハイオ川に捨てた三年後の一九六三年、二十一歳のプロボクサーとなっていたカシアス・クレイは、ある日ニューヨークのハーレム、一二五番通りとレノックス街の交差点あたりを歩いていた。ここは、あらゆるタイプの黒人運動のアジテーターが姿をあらわし、演説しはじめる場所だった。そして、マルコムXは、この交差点の強力な煽動者だった。そのブラック・ムスリムの説教師マルコムXが、奇しくもクレイが通りかかったときその交差点で演説をしていたのである。

カシアス・クレイが、政治的世界に近づいていったのは、このハーレムの交差点でのマルコムX体験が引き金となっていた。それからしばらくの経緯をへて、カシアス・クレイはブラック・ムスリムに入信するが、入信発表をしたのはクレイが前述のごとくソニー・リストンを破って世界チャンピオンの座を手にした三日後だった。

ウォーレス・D・ファードなる人物の訪問を受け、その人物がアラーの神であるとの確信を得たのち、その後継者としてブラック・ムスリムを開宗したのはイライジャ・モハメドという男であったが、実際にブラック・ムスリムがパワーを持ちはじめるのは、マルコムXによってのことだった。そのマルコムXなる人がかつてどんな男であったかというならば、「ハスラーであり、ポン引きであり、強盗であり、麻薬常習者」だった人物ということになる。彼は刑務所内で、すでにブラック・ムスリムの信者であった兄からの手紙と、ブラック・ムスリムのパンフレットをきっかけに入信を決意したという。

マルコムXは、入信するやいなや隠花植物のごとき存在であったブラック・ムスリムに世界性をもたせようとし、そこにパワフルな宗教的吸引力を与えた。イライジャ・モハメドがわずか四千人の信者のお布施によって維持していたブラック・ムスリムを、マルコムXは信者百万人の大教団に仕立てあげたのだった。

やがて、イライジャ・モハメドとマルコムXの対立、そしてマルコムXの脱会というプロセスが生じるのだが、マルコムXは、イライジャ・モハメドとの対立が激化する真っ只中で、カシアス・クレイと出会う。イライジャ・モハメドはスポーツに対しては偏狭な考え方にこだわっていたが、マルコムXはその偏狭な教義を押しのけて、カシアス・クレイを入信させたのだった。

マルコムXが、巻き起こりつつあるブラック・パワーのシンボリックな存在を探していた時期と、カシアス・クレイとの出会いはぴったりとかさなっている。マルコムXにとっては、まさに運命的な出会いであった。

そして、マルコムXに魅入られたカシアス・クレイにとっても、この出会いは尋常ならざる意味をはらんでいた。それ以後、彼にとってのリング上での闘いは、単なるスポーツではなくなった。やがてカシアス・クレイは、マルコムXからその雄弁さをも吸収してゆき、〝ホラ吹きクレイ〟の異名は、その過程でつけられた綽名《あだな》であった。

だが、マルコムXとイライジャ・モハメドが決裂し、ブラック・ムスリムが分裂すると、カシアス・クレイはなぜかイライジャ・モハメドの側を選ぶ。その理由の真のところは判明していないようだが、ブラック・ムスリムにおける彼の称号が、リストン戦後にカシアス・クレイからモハメド・アリへ昇格することを、イライジャ・モハメドが承認したことにかかわるという見方もあるらしい。そしてアリは、〝神を讃え自らも讃えられる〟モハメドの意と、〝最高〟を意味するアリの意をかさねたこの名前に誇りをおぼえてゆくのである。

一九六五年二月二十一日、マルコムXが講演中に暗殺される。アメリカ一国的な黒人至上主義という側面もあったブラック・ムスリムを脱会し、世界的な変革運動を構想しはじめた矢先のことであった。

モハメド・アリは、訣別後のマルコムXについてほとんど語らず、その死についても何ら感情移入らしいものも示さなかった。

しかし、彼のシリアスな面を最初に直感し、その道化の下に隠された知性を最初に見抜いた存在であるマルコムXが死んだ後も、モハメド・アリはマルコムXの期待したイメージ通りのうごきを、さらに際立たせて展開しはじめる。リング上でも、モハメド・アリは、アメリカの黒人の体と精神の芯にうねる怒りを、激しく発散し挑発していったのだった。

ソニー・リストンとの再戦を一回KO勝ちで退けると、そこからボクサーとしてのアリの快進撃が始まるが、一九六五年から一九六七年前半までということの期間は、まさに、黒人運動の〃過激派〃たる〃黒豹党《ブラック・パンサー》〃の高揚期とかさなっている。アリは、こんな時代状況に呼応して、リング上であるかリング外であるかを問わず、精神的にも肉体的にも激しい躍動感をみなぎらせてゆく。

「白人はたえず黒人を痛めつけてきたし、黒人たちもそれは人種的に劣っていたから仕方ないことだとあきらめてきた。しかし、それが間違いであることははっきりしている。黒人は誇りを持たなければならない。黒は最高なんだ。そのことを俺はリングで証明した」

「白人はもう黒人にリングの上で勝てないから、そのかわり白人的黒人を俺にぶつけようとしている。だが、俺はいつでもそいつらをぶちのめしてやる！」

これら実体験に根ざした差別への怒りによるふるえをはらんだアリの言葉が、記者会見のたびに放たれつづける。アリは、個人的にも人をひきつける天賦の才をもっていたが、世界ヘビー級チャンピオンという冠はその効果をいやが上にも高まらせ、アリの言葉は、メディアを通じて全米、あるいは世界中にとどろきわたっていった。

そして、ブラック・パワーのいずれの潮流にとっても、アリの影響力は利用可能であり、アリの行動や言葉とブラック・パワーの激動は、連動しながら白人アメリカンとの対決を刺激的につづけていった。したがってアリは、マルコムXとのダブル・イメージをかもし出すかのごとく、ボクサーとしてもブラック・パワーの政治的表現者としての役割を演じることになり、当然、白人アメリカンの憎悪を一身に受けることになる。

## 2　世界タイトルとライセンスの剝奪

それを承知で、モハメド・アリはモハメド・アリでありつづけ、黒人大衆の夢の仮託を自らのパワーの養分とするかのごとき強さを、ボクサーとしても発揮してゆく。何かが憑依《ひょうい》しているように感じさせるほど、モハメド・アリはリング上でも強く輝いてくる。このように、民衆の希《ねが》いのシャワーを浴びることを、むしろアリは望んだと言ってもよかった。

それこそが、マルコムXの教えが理想とする方法論というものであり、それがまた白人に憎悪と不安をおぼえさせる一大要素となっていったのだった。

一九六七年四月、モハメド・アリはベトナム戦争への兵役拒否のため、世界ヘビー級チャンピオンのタイトルを剥奪され、ボクシング界を追放される。だが、これによってモハメド・アリの存在は、逆に反体制のシンボルとしてゆるぎないものになってゆく。ベトナム反戦は、ブラック・パワーのどの潮流にとっても共通の合言葉だった。ベトナム戦争への兵役を拒む彼の天才的なアジテーションは、アメリカ合衆国の若者たちの中にある反戦、非戦の感情ともぴったり符合した。

アリの主張やその存在の影響力は、公民権運動をふくむすべてのブラック・パワーばかりか、世界中に渦として起こっていた、アメリカのベトナム戦争介入に〝反〟を唱える反戦運動や反米運動を巻き込むほどに膨張していった。

しかしながら、モハメド・アリが、ベトナム戦争に〝反〟を唱える姿勢の証として兵役拒否をしたのは、リングの内外において彼の全盛期だったことに気づかされる。

そして一九六七年四月、アメリカ合衆国は、ボクサーとしての絶頂期にあるアリのチャンピオンベルトとライセンスを剥奪し、いわば丸裸にして荒野に投げ捨てたのだった。だが、その仕打ちが逆にモハメド・アリの輪郭をさらにくっきりとさせてゆく。

ベトナム戦争への徴兵を拒むアリの、デモ行進とはまるでちがう果敢な姿勢と行動は、黒人の公民権運動をも白人の平和主義者をも包含していった。アメリカのベトナム戦争介入を契機として、世界中に吹き荒れた反アメリカの〝激動の風〟は、アメリカの黒人・白人の〝反戦〟運動とも呼応し、モハメド・アリはこの〝過激な風〟にとっての象徴的なシンボルとなっていったのだった。

アメリカ合衆国の立場からすれば、その危険性が飽和状態に達したタイミングでアリの身柄を拘束することは、その〝秩序〟を維持するために、必要不可欠な切開手術であったにちがいない。

だが、モハメド・アリの影響力の元栓であるボクシングのリングを奪い取ったあとのアメリカ合衆国は、リングを超えたアリの人気と厳然たる影響力に、さらなる不安をかかえることになる。全盛期の燃えさかる炎をアメリカ合衆国の法によって奪取され、羽をもがれた天使《エンジェル》となったモハメド・アリの存在感は、その破天荒なキャラクターと比類なき魅力を放つ試合の余韻とともにますます神話的な力を帯び、しめしをつけたつもりのアメリカ合衆国の思惑にとって、想定外の逆効果となってはね返ったはずなのだ。

一九六五年の五月、ソニー・リストンに一回KO勝。十一月、フロイド・パターソンに十二回TKO勝。一九六六年三月、ジョージ・シュバロに十五回判定勝。五月、ヘンリー・クーパーに六回KO勝。八月、ブライアン・ロンドンに三回KO勝。九月、カール・ミルデンバーガーに十二回TKO勝。十一月、クリヴランド・ウィリアムスに三回KO勝。一九六七年二月、アニー・テレルに十五回判定勝。このアニー・テレルとの試合前、アニー・テレルはアリを「カシアス・クレイ」と旧名つまり〃アメリカ白人によってつけられた名前〃で呼んで挑発し、アリは、わざと決定打を打たずに打ちまくり、「俺の名前を言ってみろ！」と叫びながら叩きのめした。試合後アリは「あいつは白人になりたかったんだろうな。だが、奴隷の名で俺を呼んだ罰だ」とコメントした。

三月、ゾラ・フォーリーに七回ＴＫＯ勝。

これが、アリのボクサーとしての全盛期、絶頂期の戦績であり、その全盛期、絶頂期はライセンス剝奪によりここで終止符が打たれることになる。

アメリカの作家ノーマン・メイラーは、ボクシングヘビー級の黒人チャンピオンに、何が託されているかについて、

「フロイド・パターソン＝アンクル・トムとしての黒人の夢」

「ソニー・リストン＝ギャングとしての黒人の夢」

「モハメド・アリ＝民族的抵抗者としての黒人の夢」

……という位置づけをしている。

アリは、〃アンクル・トム〃とギャングを手ひどく痛めつけたことになる。アンクル・トムとは、キリスト教的人道主義によって描かれる、ストウ夫人の小説『アンクル・トムの小屋』の主人公の世界に甘んじる黒人の心へのアリ流の揶揄をふくむ呼び方だ。白人の

価値観を受け入れ、そこに安住する奴隷的精神のアメリカ黒人、ということになろうか。〝アンクル・トム〟と名指しされたフロイド・パターソンとの一九六五年十一月二十二日の試合で、アリはわざと倒さずに十二ラウンドまで殴りつづけ、痛めつけるボクシングを展開した。パターソンを白人の価値観の体現者に見立てて痛めつけ、その心を打ち砕こうとする姿勢からは、ブラック・ムスリムの正義を背負うかまえを汲み取ることができるのだ。

そのように、アリは対戦相手との対立構造をくっきりとさせ、その試合にはらまれる真の意味をクローズアップさせていった。彼は、黒人の名誉を証明する場としてのリングに上がり、自分の意志の中に世界中の〝観客〟を引きずり込むことをつづけたのだった。

白人に向けた黒人の闘争として黒人運動をアリとかさねる観点からは、同じ黒人である、〝アンクル・トム〟への制裁の意図が見えにくい。ただ、〝アンクル・トム〟だけでなく、ブラック・パワーの急進派としての実践者たちの中にさえ、曖昧化した価値観の矛盾がうごめいていた。

そんな自己暴露をふくめて、特異な文才をもって自己同一性を失っているアフロ・アメリカン（アフリカン・アメリカンすなわちアフリカ系アメリカ人）のはらむ矛盾についての言及で個性を発揮したのが、ゲットーの武装組織ブラック・パンサーの指導者でもスポークスマンでもあった、エルドリッジ・クリーヴァーだった。

実は、一九六九年に日本で出版された『氷の上の魂《ソウル・オン・アイス》』を、私は新宿の紀伊國屋書店で買い求めている。もちろん、タイトルのひびきのよさにさそわれたくらいの出来心だった。

一九六九年といえば、日本では〃いざなぎ景気〃と言われる時代の只中であり、日本の学生運動が〃過激〃のギアを上げた頃合いでもあった。その年の十月二十一日つまり10・21の〃反戦デー〃に、三派全学連による〃反戦集会〃が新宿駅西口で行なわれ、そこにおびただしい群衆が押しよせた。

その群衆は、デモに参加する学生たちだけでなく、様子を見るあるいはその場の空気を検分するという物腰の〃ノンポリ〃の学生やサラリーマンや若者をふくむ多種多様な色合いをもっていた。この雑多な感じが、一九六〇年の〃安保闘争〃とのちがいでもあった。その群衆の中に、すでに〃楯の会〃を結成していた作家の三島由紀夫が、そのメンバーとともに〃お忍び〃でまぎれ込んでいたという噂が出たりもしたのだが、〃ノンポリ〃社会人の私もまた、火事場見物気分で、同じ群衆の中にまぎれ込んでいた。……ま、そんな時代だったのである。

それはさておき、そんなさなかに手にしたエルドリッジ・クリーヴァーの『氷の上の魂』の中に、今も頭に灼きついているひとくだりがある。

急進的な黒人運動にいそしんだあと刑務所へおくられた黒人の男が、ある日ふと、自分が牢獄の壁に貼って打ちながめたり、自慰のなぐさみにしているピンナップガールが、なぜ黒人女性でなく白人女性なのかと首をかしげる。そこから彼は、〝反差別〟の運動の急進的行動をとっている自分の中にさえ刷り込まれた、白人の価値観に気づき、その発見をきっかけにアフロ・アメリカンの内包する価値観の混乱をのぞいていくのだが、私の頭に灼きついているのは、そのひとくだりのみで、あとはすっかりぼやけている。あるいは、〝隠れプロレス・ファン〟であった私が、クリーヴァーの語り口にプロレス的匂いを嗅いだせいであったかもしれない。

アメリカの黒人運動家の中で、公民権運動に象徴されるマーチン・ルーサー・キングの〝古風〟に対して、〝過激な風〟を匂わせつつ運動を急展開させようとしたマルコムXも、ブラック・パンサーを推進していたエルドリッジ・クリーヴァーも、きわめてプロレス的な匂いにみちていた。そして何より、本書のタイトル・ロールであるモハメド・アリそのものが、ボクサーとしてもイスラム教の異色の伝道師としても、もっとも〝プロレス的〟香りをふんだんにふりまく存在だったのである。

トマス・ハウザーによる『モハメド・アリ――その生と時代』の中に、少年期のアリが、プロレスラーのゴージャス・ジョージの試合を見て、「俺は決心したよ、しゃべるのに遠慮は無用だとね」と言うセリフが紹介されている。これは、アリが少年時代からプロレスを好んでいたことの証明でもあるのだが、そのときの興味の対象が、当時のプロレス界を席巻していた人気レスラーのゴージャス・ジョージであったことに、私は気を惹かれた。

第二次大戦後の一九四七年からスタートを切ったアメリカにおける〝戦後〟のプロレスも、日本のプロレスと同様に（というより力道山がその写しを日本で実現させたわけだが）、テレビ実況中継によって人々の目にとらえられるようになっていた。テレビとの連繫はプロレスのエンタテインメント化、ショービジネス化に拍車をかけ、善玉《ベビー・フェイス》と悪玉《ヒール》の役割分担のコンセプトが徹底されていった。そこでお茶の間のアイドルとして出現したのが、ゴージャス・ジョージという、ギンギラギンでさりげなくないショーマン・スタイルのスターであり、彼はあっという間に全米スケールの人気者にのし上がった。

この流れを軌道修正すべく、一九四八年にプロモーター、サム・マソニックがNWAという組織を発足させ、翌一九四九年にルー・テーズを初代王者として認定する前段階にあったプロレスの一季節ということになるのだが、アリが興味を抱いたプロレスは、シリアスなムードをただよわせるルー・テーズ流のいわゆる〝ストロング・スタイル〟とは別物の、ゴージャス・ジョージ流だった。日本のプロレス・ファンから見ればリック・フレアーやビリー・グラハムやバディ・ロジャースの系譜につながるケバケバしい〝ショーマン・スタイル〟が、モハメド・アリのリング上のアジテーションを生んでゆくというこのながれに、私は興味をいだいたのだった。

## 3　ボクシング界への復帰

チャンピオン・ベルトとボクサーとしてのライセンスを剝奪されたモハメド・アリは、三年半というボクサーとしての絶頂期におけるブランクののち、プロボクサーとしてのライセンスを、アメリカ合衆国からようやく返された。だが、そのときのアリをかこむ状況は、ライセンスを剝奪された時点とは一変していたのだった。

モハメド・アリがボクシング界に復帰するのは、一九七〇年の九月である。

全盛期から三年五カ月のブランクのつけは、アリの胴まわりの肉の厚さからもあきらかだった。この間、それなりのトレーニングやロードワークはこなしてきたのだろうが、それ以前にその体型自体が放っていた、神秘的とも言える輝きが、あきらかに失せていた。

一九六七年四月に、兵役拒否によってＷＢＣ世界ヘビー級チャンピオンのベルトを剝奪されボクシング界を追放されたとき、一九四二年一月十七日生まれのアリは二十五歳、アメリカ合衆国によってライセンスを戻されたこのとき、二十九歳になっていた。現役が持続していたならばボクサーとしての絶頂期となった時期とブランクの歳月がぴったりかさなっているのだった。

現役復帰の一カ月後の十月二十六日、早くもモハメド・アリは、当時ＷＢＣヘビー級第一位であったジェリー・クォーリーとの試合を行ない、三回TKO勝ちで再起を果した。さすが……という気もしたが、そのアリが当時のWBA・WBC統一世界ヘビー級チャンピオンとして〝人間機関車〟と異名をとり、斧《おの》をふり回すような左右フックで相手を殴りつづけるジョー・フレージャーと対戦するのは、ファンの心理として恐い気がしたものだった。もう少し時が必要……と先のばしをしたところで、アリはそれだけ年齢を加えていくわけで、復帰後の青写真をそう簡単に描くことはできないと、この対戦に意欲を燃やしているらしいアリをファンは複雑な気分で見守っていたものだった。

案じているうちに、一九七〇年十二月七日、WBA・WBC統一世界ヘビー級チャンピオンのジョー・フレージャー戦への前哨戦と銘打って行なわれたオスカー・ボナベナ戦に大苦戦。三度のダウンを奪って勝利はしたものの、全盛期には及びもつかぬその試合ぶりからやはりフレージャー戦への不安が伝わり、ともかくアリがリング上で闘っているという事実に、ファンは安堵感をおぼえるというレベルの手応えだった。

そして、その三カ月あとの一九七一年三月八日、全盛期を誇るWBA・WBC統一世界ヘビー級チャンピオンであるジョー・フレージャーへの挑戦試合が実現する。

私はその二日前、隣に席があった『中央公論』編集部にいた二歳下の友人Hと、東京駅地下街でビールとヤキトリを味わいながら、「まあ、無理だろうな……」と、アリのファン同士の隠微なぐさめ合いのような言葉を交わして別れたのを思い出す。

試合は予想通り、アリはジョー・フレージャーの〝これが現役のチャンピオンのパンチだ〟〝お前はしょせん、過去の亡霊だ〟と言わんばかりの強打を受けまくった。それでも、顔面に決定打を受けぬ技術はさすがだ……と見守っていたが、最終回ついにフレージャーの誇る必殺の左フックを顎《あご》に受け、仰向けにダウンしたときはショックを受けた。アリが、そんなかたちのダウンを喫するシーンなど想像外だったからだ。そして、レフェリーがカウントを数える途中で、アリが立ち上がったとき、今アリができる奇跡はこれくらいのシーンだ……と、アリの現状をファンとして思い知らされたものだった。

そう言えば、この試合で打たれつづけながら、アリはフレージャーに向かって、「もっと打て！」と叫びつづけていたように憶えている。そして、顔面のガードをかため、わざとボディを打たせつつロープの反動を利用して身をのけ反らせ、パンチの力を吸収しているような印象があったのだ。だが、それはただ顔面に決定打を浴びてKOされぬための方策であり、〝肉を斬らせて骨を斬る〟というかまえは伝わるものの、〝骨を斬らせて命を絶つ〟にいたるながれにつながるとはとうてい感じられなかった。

アリのパンチは、上体と頭を素早く左右にうごかすフレージャーのウィービングによって空を切り、起死回生の一打への期待もしぼんでいったあげくの十五回判定負けだったのだが、この試合でもしアリのストレートが一発でもクリーン・ヒットして逆転KOしたとすれば、ロープ・ア・ドープのシーンをもふくめて、のちのジョージ・フォアマン戦と瓜二つの展開とも言えるのだ。しかし、それは今からふり返って思うことであり、アリもここまで……と、フレージャー戦を見たアリのファンが観念する気分になったのはたしかだったのだ。

そして、試合終了後、チャンピオンのフレージャーの感動の表情を見たとき、実はフレージャーにとってもこの試合はきわめてタフでハードな闘いであったのだろうと想像もした。さらに、この試合でフレージャーは完全にアリのファンになったのではないか……と、私は何となく感じたものであった。

その根拠ない直感は、〝スリラー・イン・マニラ〟と称されたフレージャーとの三年ごしの再戦に、アリが判定勝ちをおさめて雪辱を果すとともに、時の王者ジョージ・フォアマンへの挑戦権を得た瞬間の、フレージャーの泣き顔のような笑顔がテレビ画面にアップされたときにも、私の頭をよぎったものだった。フレージャーとの試合で、アリは五度目の〝リングマガジン　ファイト・オブ・ザ・イヤー〟を獲得したが、その程度の勲章に満足する気分が生じていたのだから、私のアリ・ファンぶりもぶれまくりと言えるのだ。

まあ、そんなセンチメンタル気分を極東の端っこにいるファンである私がもてあそぶくらいだから、復帰後のボクサーとしてのアリという火山のマグマが、大噴火する可能性を汲み取ることなどとうていできぬ状態だった。

アメリカ合衆国を背負う面々は、不埒者アリへの〝お灸〟の効き目に、さぞかし満足したことだったろう。アリのファンは、モハメド・アリを〝不世出のボクサー〟のレベルで見るしかないか……と感じ始め、あらゆる人の想像を超える僥倖《ぎようこう》的シーンを涼しげにやってのける天才的存在への視点を修正せねばならぬという思いにひたされていたにちがいない。

一方、リングの外に目を向けるならば、刑務所《むしょ》のつとめを終えて娑婆へ出てみたアリにとっては、生まれた故郷は荒れ放題、今の世の中、右も左も真っ暗闇じゃございませんか……そんな鶴田浩二のセリフ、あるいは竜宮城から帰った浦島太郎の茫然自失に思いをかさねたくなる変わりようだった。

アリの独特の舌鋒によるアジテーションに呼応する世界は、すでにそこにはなかったのだ。アメリカ合衆国は、一九七〇年までにブラック・パンサーをほぼ圧殺し、黒人市長を誕生させて公民権運動の要求を吸収し、アリが〝反〟を唱えたベトナム戦争からの撤退を模索して反戦運動のエネルギーを溶解し、一九六八年四月に黒人指導者キング牧師が暗殺されて以降、ブラック・パワーが衰弱してゆく過程を見すえた上で、アリの追放を解除し世界チャンピオンのベルトを返したのだった。このあたり、政治権力というもののしたたかさと老獪《ろうかい》さを嚙みしめざるを得ない。

ブラック・パワーはアリの反響板であり、アリもまたブラック・パワーの反響板であった。この反響板であり反射鏡でもあった存在を失って、ブラック・パワーが次々と解体すれば、アリの政治的社会的影響力も同時に失せるしかなかった。かつて、アメリカ合衆国の白人的正義を震撼させたアリは、もはや〝無害〟と見定められて放免されたのであり、アメリカ合衆国や白人アメリカンたちは、アリのそれなりの人気に水をさす必要がなくなり、その〝秩序〟の余裕を着実に取り戻していったのだった。

そんなアリが、一九七四年十月三十日、かつてのアメリカ合衆国による〝差別観〟にも比肩しうる難攻不落の敵として挑んだのが、ジョー・フレージャーの挑戦を子供扱いしてKOで退けた、不動の王者ジョージ・フォアマンだった。この一戦に立ち向かうアリの頭にはまず、自分を負け犬に見立てた、〝強者〟対〝弱者〟という絵図面が描かれた。

その上でアリは、フォアマンに、白人の価値観を身の内にふくみ、自分自身のルーツにとっての〝裏切り者〟たる〝アンクル・トム〟の色を塗りつけた。ボクサー同士の強弱への興味を募らせるファンは、絶対不利のアリを心配して見守ろうとするのだが、試合の真の意味をクローズアップさせ、対戦相手の中にひそむ黒人的なものへの〝差別観〟を暴き出すやり方のホコ先を向ける格好の相手役を、アリはジョージ・フォアマンにふったのだった。

一九六八年のメキシコ・オリンピックで星条旗を振ったジョージ・フォアマンと、優勝しながら、表彰台で黒い手袋を突き上げて、アメリカ合衆国への反逆の姿勢を表現した、陸上競技選手のジョン・カーロス、トミー・スミスらとを対比させることによって、アリはフォアマンと自分との対立軸をくっきりとさせた。

ジョージ・フォアマンの戦績は四十勝無敗、そこにKO勝ちが三十七回ふくまれていた。アリと闘う前までの八試合は、すべて一ラウンドか二ラウンドで決着をつけており、その敗者にはアリを倒した相手であるジョー・フレージャーとケン・ノートンの名があった。このデータは、アリ・ファンにとって絶望的なものだった。

「ニューヨーク・タイムズ」紙の記者が、「ジョージ・フォアマンはヘビー級最強のパンチャーかもしれない。二ラウンドか三ラウンドくらいなら、アリはフォアマンのハンマーのような強打を逃れることができるかもしれないが、十五ラウンドは無理だ。遅かれ早かれ、チャンピオンはハンマーのようなパンチを決めるだろうし、モハメド・アリは初めてカウントアウトを味わうことになるだろう。第一ラウンドでそうなる可能性もある」と論評したが、その予想は世界中のボクシング・ファンに信憑性《しんぴょうせい》を与えるものだった。専門家の目にも、アリの勝ち目のなさが客観的には歴然としていたのである。

だが、そんな最強の王者フォアマンに対して、アリは、あえて上から目線で対したのだった。「おまえはいったい誰を代表しているんだ？　いったい何を代表しているんだ？」と吠える。たしかにいいセリフだ！　だがそれとフォアマンとの試合の勝ち目とは関係ないだろう……あの試合の前に時をさかのぼれば、そんな突っ込みを入れたいくらい、アリの言葉は、根拠をどこかへ放り投げた果ての演劇的セリフとしてしか響かなかった。

ただ、アリには、白人的な〃差別観〃を内にはらむジョージ・フォアマンとの対戦は、下馬評や賭け率が低ければ低いほど、試合の〃意味〃がさらにくっきりしてくるという確信があったにちがいない。

ところで、この試合のプロモーターであったドン・キングは、財力もない身でアリ対フォアマン戦のブッカー（契約交渉担当者）に名乗り出て、虚勢を張りつづけ、曲折をへたあげく試合の実現にこぎつけた。

そして、このドン・キングという男には、マルコムXにも近似する来歴があった。黒人ゲットーに育ち、違法ナンバーズ賭博の胴元をしながら、ナイトクラブの経営にも手を出していた闇社会の人物だ。ピストルで一人の男を殺し、検挙された前歴の持ち主でもあった。彼は、アリ対フレージャーの第一戦目の模様を刑務所内に持ち込んだラジオで聴いていた。そのあと突然、大物ボクサーのプロモーターになることを決意したという。そしてキングは、さまざまな折にさまざまな手をつかってアリに近づき、ついにアリとの接触にこぎつけたのだった。

キングは、口舌たくみに相手から前貸しの承諾をとりつけることで、プロモートに必要な資金の不足を乗り越えた。そして、現金の前渡しをした中の大物の内に、フィリピンのマルコス大統領とともに、ザイールのモブツ大統領がふくまれていたのである。ドン・キングは、自分自身の肌の色の黒さも強調して、アフリカでの試合に乗り気のないフォアマンを説得し〝黒人対黒人〟の対決を承諾させたのだった。

ドン・キングは、ザイールのキンシャサでのアリ対フォアマン戦の実現によってボクシングのプロモーターとして、世界的トップクラスへの参入を果した。キングは、モブツ大統領の海外資産隠しを目的とするペーパーカンパーニーから金を都合してもらうことにも成功したのだった。

一方、モブツにとっても、このタイトルマッチ主催は、外国資本にザイールをアピールする、絶好の機会であった。外国からの融資が増えれば国の信用は高まり、自らの政権をより強固なものにできるとの目算なのだ。まさに、プロレス的匂いふんぷんたる両者の結合と言える構図である。

ここで、この国の名がコンゴからザイールに、首都レオポルドヴィルがキンシャサに変更される経緯を、モブツという人物とからめてすこしばかりたどり直してみたい。

## 4　キンシャサの奇跡へ

コンゴの民族独立運動を指導し、一九六〇年にベルギーからの独立とともに、初代首相に就任したパトリス・ルムンバと行動を共にしたモブツは、その政権下にあって重責を担っていた。

だが、モブツはやがて保守派のカサブブ大統領を支持してクーデターを起こし、ルムンバを追放して政権を掌握し、一九六五年十一月にふたたびクーデターを起こし、今度はカサブブを追放したあげく、大統領に就任した。そして一九七一年に国名をコンゴ共和国からザイール共和国に、首都レオポルドヴィルをキンシャサに、さらに自身の名までジョセフ・モブツからモブツ・セセ・セコに改名したのだった。

その後、首都キンシャサは大都市に成長し、農村が産出する食料や、めぐまれたこの国の鉱山資源によって富を誇った。だが、首都キンシャサへの一極集中のため、農村部には飢餓状態が生じ、それは広く蔓延していった。

モブツは、専制君主のごとく権力を掌握して以来、反対派を容赦なく弾圧するとともに、身内びいきの統治を行なった。その残酷な搾取体制によって、国が疲弊していくその中で、モブツ個人は世界でも最大級の資産の保有者となっていったのであった。

そんなモブツ大統領にとって、ドン・キングが手がけようとしているアリ対フォアマン戦は、世界にザイールをアピールするための、絶好の手段ということになるのだった。

アリ対フォアマン戦のリングの下には、このような強権と金のベースが敷かれていた。そんな場所での試合の実現にこぎつけたのはドン・キングのスケールの大きい手口によるものだったが、独裁者に飢餓状態の民衆が牛耳られるくっきりとした色をもつこの国のありさまは、アリにとって絶好の自己アピールの舞台ということになるのだった。この国の飢餓状態の民衆と、世界の差別される人々に向ける自分の試合の図柄を、あざやかに描くことができるというわけだ。

したがって、ザイールという国の首都であるキンシャサでの試合のリングとの出会いは、ボクサーとしてのフォアマンとの力関係とはまったく次元のちがう、ブラック・ムスリムの宣教師たるアリにとっての格好の舞台であるとも言えたのである。

アリは押しかけたマスコミとのインタビューの中で、「俺は神と同胞のために闘う。名声や金のためなんかじゃない。俺だけのためにじゃない。俺は、福祉の世話になっている黒人たち、暗い将来しか期待できない黒人たち、アル中やヤク中の黒人たちのために闘うんだ、俺はアラーの神の使者だ」と言い放ち、そのあとに「俺の試合はルムンバに見てほしかった」とつけ加えた。この試合が、そのルムンバを追放したモブツの協力と庇護のもとに準備されているにもかかわらずである。このあたりには通り一遍でないアフリカ観があらわれていて、さすがアリというセリフだ。

この伝説的試合当日の様子や、試合そのものについては、さまざまな活字や映像が残されている。それぞれの伝え手によって微妙にニュアンスはちがうが、いずれも奇跡的な試合の結果を受け、ある意味で余裕をもって第八ラウンドまでのシーンを追い、奇跡をはらむアリの伝説へとむすびつけているニュアンスがある。

ノーマン・メイラーの『ザ・ファイト』もその一つだが、私はそのメイラーが画面に登場するレオン・ギャスト監督・製作、デヴィッド・ソネンバーグ製作総指揮による『モハメド・アリ　かけがえのない日々』の映像ならではのアプローチに注目した。

冒頭のシーンに、小さく細かい痙攣《けいれん》のような打楽器のリズムのけはいを背負う巫女めいた黒人女性の顔のアップがあらわれるのだが、その妖しい瞳はアリ対フォアマン戦の中にある何かを暗示するかのような色をおびている。映像表現ならではの〝けはいのシーン化〟である。

この伝説の試合の十年後、雑誌『エスクァイア』が催したパーティに夫婦で招待されたノーマン・メイラーが、アリを見つけて声をかけると「何歳になった？」と言われ、「今年でもう六十二だよ」と答えると、「十年前と少しも変らないじゃないか」と言われてうれしくなる。そして、そのメイラーが少しのあいだ手洗いに言っているあいだに、アリがメイラー夫人に近づいて吐いたセリフが「まだあんなジイさんと一緒に暮らしているの？」だった。アリはそんな男なんだよ……とうれしそうに笑いながらこのエピソードを作家らしくサービスするメイラーの、慈愛にみちた大人の表情に味があった。

また、『モハメド・アリ　かけがえのない日々』のＤＶＤに添えられた〝エピソード集〟の中の〝キンシャサの奇跡〟後のフォアマンについての情報は、人生というものを考える上で、きわめて注目すべき内容にみちている。

若くて恐れを知らないチャンピオンだったジョージ・フォアマンにとって、ザイールでの敗北は悪夢だった。挫折感に苛まれた上、試合に勝っても残酷な〝バッド・ジョージ〟のイメージが先行してファンに嫌われ、ますます心は荒廃していった。

1977年3月、フォアマンはジミー・ヤングに判定負けした直後、控え室で宗教的体験をする。以降、熱心に教会に通い始め、恥ずかしさのあまり上手く出来なかった説教も積極的に行なうようになり、ついには自らの信徒を持つまでになる。こうしてフォアマンは、78年から86年までボクシング界から遠ざかる。説教を行うためにザイールを再訪した時には、人々に暖かく迎えられた。兇暴で荒廃した世界に住んでいたフォアマンは、神の愛に目覚めて文字どおり生まれ変わったのだった。

やがて、ボクサー時代に稼いだファイトマネーを基金として〝ジョージ・フォアマン青少年センター〟を設立する。貧困にあえぐ家庭や複雑な家庭環境に育ち、手がつけられなくなった少年たちにボクシングを教え、自尊心と自重することを学ばせ更生させた。評判を聞きつけたフォアマンの親がよろこんで押しかけたのはいいが、その親によって資金はあっという間になくなっていった。そこでフォアマンはカムバックを決意。施設を運営する金のために、そしてもう一度、チャンピオンになるために。

最初は誰もが冗談だと思った。10年のブランクの後に復活したボクサーなどはいないからだ。しかし87年3月、フォアマンはスティーブ・ゾウスキーを4ラウンドでノックアウトして見事カムバック。そして94年11月、マイケル・モーラーを破り、アリ戦のショックによって沈んでから実に20年後、45歳の彼はかつてのアリのごとく、誰からも好かれ尊敬される人物として浮上し、〝奇跡〟の物語を完成させたのだった。

ここには、人生には映画のようなエンドマークがないことを証明するかのように、アリ戦で粉砕された時点をスタートとするジョージ・フォアマンのその後の消息が伝えられているのだ。ただ、そこで払拭《ふっしょく》されたのは『かけがえのない日々』の中で紹介される、生真面目だが陰気で無骨なそしてユーモアを解さぬ野暮な、殴ることだけに長《た》けた男のイメージであって、モハメド・アリの縦横無尽な天使性《エンジェル》とは比べものにならぬベクトルの中での生き方にすぎぬのはたしかだ。このフォアマンのものがたりから、〝アリ〟の存在を引き抜いてしまえば、それはありきたりの宗教にからんだ美談、説教の域にとどまるだけのものなのだ。

ただ、ひとの生き方に簡単に区切りをつけてはならず、その区切りのあとにもまだ人生がつづいていくという教訓は、ボクシングを失いパーキンソン病という重病をかかえて生きるアリの晩年の価値への示唆をもふくんでいて、私は興味深くこのフォアマンについての情報を受け止めたのである。

さて、ここでスポーツライターだというマイク・マークシー著『モハメド・アリとその時代――グローバル・ヒーローの肖像』の中の試合そのものについての記述を、しばらく引用してみたい。この記述を読めば、私自身の四十三年も前の記憶をも、順を追って克明にたどり直すことができる。これはたぶん、多くのボクシング・ファンにもかさなることではなかろうか。

六万二千人の群衆（圧倒的多数がアフリカ人だった）は第一ラウンドからアリが攻勢に出るさまを目撃した。ところが一転、このラウンドが終わるとアリは、ロープによりかかり、頭を手で覆いながら相手のパンチを受け続けた――その後アリはこれを〈ロープ・ア・ドープ〉と呼び、彼の必殺技として有名になる。これは無駄なパンチを打たせることで敵の体力の消耗を狙ったものだったが、フォアマンはまんまとこれにかかってしまった。ボディブローを打ち続けても、アリには何の効果もなかった。ラウンドのあいだの休憩時間になると、アリは群衆を煽り立てて、耳をつんざくような大声援をあげさせた。「アリ！　ホムマヤー」（アリ！　ヤツを殺《や》れの意）と。フォアマンは、終始攻める側に立っていたのだが、それでもアリの嘲笑の的となってしまった。ほかのボクサーならばとっくの昔にノックアウトしていたパンチでさえも、アリには通用しなかった。これで完全にフォアマンの攻め手は封じ込まれてしまった。キンシャサでのアリのパフォーマンスには、術策に長《た》けたリング上での振る舞いと、試合をトータルに見据えるヴィジョンとが一緒になり、それを目撃したものは唯々圧倒されるばかりだった。第一ラウンド以後の彼は、試合前に自分で語っていたプランとは正反対に、彼のトレードマークでもあったダンスのような華麗なステップを踏むこともほとんどなかった。にもかかわらず、前へ前へと突っ込んでくるフォアマンを、リングの一角からまた別の一角へと巧みに操っていたのである。リングサイドに陣取った評論家たちはアリの戦術の本意がわからずに当惑していた。それでも試合はしっかりと彼にコントロールされていたのだ。脇腹にもの凄い連打を浴びた後、ちょっとした間があいたのをすかさず捉え、テレビカメラに向かってウインクするような仕草までする余裕さえあったくらいだ。アリのエンターティナーとしての能力――ホールディングやクリンチでの押しやロープの利用、等々で、終始フォアマンにフラストレーションだけを感じさせていた――が最大限発揮されたのだ。彼が放ったパンチは、総数でもヒットしたものの数でも、フォアマンより少なかった。しかし、それでいてなおアリのパンチの方に威力があったのだ。素早く、無駄な動作なく、的確に捕捉していたのである。それでももし何なのか一見してわかる腫れがフォアマンの顔に顕れなかったならば、アリのパンチは繊細過ぎて弱いと考えられていたかもしれない。

八ラウンドも残り三〇秒となったところ、アリは突如ロープから身を離し、疲れきっていたフォアマンめがけ完璧な右左ストレートのコンビネーション・パンチを打ち込み、彼をマットに沈めた。次の瞬間、彼はマットに横たわったフォアマンを見下すような姿勢をとり、つま先立ちで軽くステップを踏みながら、もし必要ならばさらにパンチを放とうと脇を固め、歯をむきだして唸り声をあげた。このうえない強さを見せつけた彼の目は勝利の歓びで燃えあがっていた。観衆、スポーツライターたち、放送局関係者みなが我を忘れてしまっていた。

果してこのように、すべてがアリの頭脳によってリードされていたのだろうか……というのが、この文を読んで最初にわいた疑問だった。他のほとんどの論評や映像も、この文とほぼ同じ観点で書かれ、描かれているようであり、もちろんこの観点にはボクシングの領域内の評価においても客観的な根拠はあるのだろう。

だが、私は一介のファンとしてテレビ画面を見ていたのだが、二ラウンドからのアリの〝ロープ・ア・ドープ〟でさえ、試合の神話化のためにアリ自身がのちに発した、苦渋のフレーズのような気がしたものだった。〝ロープ・ア・ドープ〟は危険きわまりない賭けであって、少しでもゆがみが生じれば、ジョー・フレージャー戦と同じダメージにまみれることに繋がるはずではないか。

アリは、「みんなが見たがっているのはミラクルなんだよ。負け犬が勝つのを見たいんだ、そして歴史がつくられるとき、みんなその場に居合わせたいんだ」と言ったというが、それはこの試合の意味をあざやかに伝える言葉でもあるが、考えてみれば、アリの常套句でもある。アリのアジテーションが通じる時代は終った……と感じていた私は、「負け犬が勝つ」という言葉が現実となってあらわれるのは信じがたいと思いつつ、この試合のテレビ実況中継を見守っていたのだった。

したがって、〝肉を斬らせて骨を斬る〟ような〝ロープ・ア・ドープ〟の効果よりも、その作戦のため着実に痛めつけられ衰弱してゆくアリのダメージを懸念していたものだった。対戦前には、フォアマンはデクの棒であり、かかとをリングにつけたベタ足で両腕を振り回すだけ……といったふうに書かれた記事もあった。だが私の目には、さすがメキシコ・オリンピックで金メダルを獲っただけあり、試合開始早々のステップ・ワークは意外にかろやかと映った。ガードも固めている。スウェイにも馴れているようだ。そして、第一ラウンドの攻防から第二ラウンド以降の〝ロープ・ア・ドープ〟のシーンを追っているときは終始、フォアマンの強打を殺すうまい手を考え出したと感心していたが、アリのファンとしてフォアマンに対する〝恐怖〟が消えているわけではなかった。

自分はまったく素人的ファンのレベルにあっただけなのか……この本を書くために読んだ資料や試合後の記事と当時の自分の心もようとの落差を噛みしめたのはたしかなのだ。しかし、参考のためにＤＶＤを見ていると、現在の私の神経が四十三年前にライブで見たときとはまるでちがっていることに、否応なく気づかされた。結果を知っている試合として追ってみれば、たしかにアリの一方的な魔術が伝わってくる気がする。

当時の私が恐怖とともに見守ったアリ対フォアマン戦の記憶が、結果を知り余裕をもって見る今の自分の中で、まったく別物に染められていったのだった。これは、試合そのものの魔力的熟成の結果……すなわち〝試合のヴィンテージ〟というものなのだろうか。

マイク・マークシーの記述の最後に「観衆、スポーツライターたち、放送局関係者みなが我を忘れてしまっていた」、とあるが、その呆然たる感動のありようは、第二ラウンドからのすべてがアリのペースであったことへの確信から発するはずはなく、やはり彼らなりのプロの目で試合の展開を追った上で目にした、信じがたいおどろきの結末のシーンということではなかっただろうか。とすれば、それは当時の私の素人の目がいだいた信じがたい思いともかさなってくるのだが。

## 5　ノーマン・メイラー節

一九七五年にアメリカのベストセラー作家ノーマン・メイラーによって書かれ、翌年に作家の生島治郎氏によって翻訳された『ザ・ファイト』が日本で発刊されている。この作品には、アリ・フォアマン戦の核心が第五ラウンドにあったという観点が出されている。

第四ラウンドの終り頃、それまでになかったほどのベストパンチを一発放ち、そのパンチがアリをとらえたことで、フォアマンが手応えをつかんだ。これで自信をもったあとの第五ラウンドが、真のハイライトだったとメイラーは書いているのだ。そこで、メイラー流が生島治郎流によって表現される、その第五ラウンドについての、独特の描写表現によってつづられる一節をご紹介してみよう。

相手をじらし、カッとさせ、自分（アリ＝村松註）の方は、バスローブを着て対戦しているみたいに、落ち着きはらっていた。こうして、闘牛士が牛をかわしてみせるように、五回も、見事に身をひねってフォアマンの頭を払いのけた。

しかし、彼がほんのわずかなためらいをみせたとき――ほんのわずか、フォアマンをからかうのに手間どりすぎたとき、布切れでなく闘牛士の居場所に、闘牛場を往《ゆ》きつもどりつしていた牡牛《おうし》がふと気づくのと同様、ジョージはなにかを感じ取った。と、闘牛士を助ける役のカドリーチさながらの声が、アリのコーナーからあがった。

「気をつけろ、気をつけろ、危ないぞ！」

たちまち、アリはロープ際へ飛びのき、フォアマンは精一杯こめた左フックの連打を六発浴びせ、さらに、もう、一発、右を放った。

それがこの試合での彼のクライマックスであり、彼の攻撃ぶりの白眉《はくび》ともいえるものだった。

左の一発が腹へ、一発は顔面へ、もう一発が腹へ、つづいてもう一発が腹へたたきこまれた。

アリはこれらの連打を、ボディは肘で、顔面はグローブで、ことごとくブロックした。

ロープが蛇のようにうねった。

アリは左フックに対するかまえはできていた。

だが、それにつづく右に対しては、なんの予想もしていなかった。

フォアマンは強烈なパンチを命中させた。

リングの止め金がきしんだ。

アリの疳《かん》高い声がひびきわたった。

「ちっとも利いちゃいないぜ」

そうだろうか？

このパンチこそ、今夜、彼が受けたなかで最高のものではなかったろうか。

その後、十秒以上も、アリは相手と組みついていなければならなかった。

すべての賭けがはずれて、いささかヤケ気味になったフォアマンは、ひたすら、その筋肉を酷使するのに専念した。

そのあげく、しまいには、一分間に四十発か五十発のパンチをくりだすことになった。

どんな強靭な男でも、脊椎《せきつい》から膝へ、水を送りだすような真似はできない。（中略）連打の雨をくぐりおおせたアリは、何度も、フォアマンの首をつついている。それは、家庭の主婦がケーキの出来ぐあいを、爪楊枝《つまようじ》でつついてためしてみるような感じを与えた。

フォアマンのパンチの威力は、ますます弱まるばかりである。

アリは、ついにロープからはなれ、ラウンドの終盤三十秒のうちに、めまぐるしいパンチをくりだした。

少なくとも、二十発は放っただろう。

そのほとんどが命中した。

何発かは、この夜の試合でも、もっとも効果的なパンチだった。

四発の右、左フックが一発、つづいて右が一発という、想像を絶するすばらしいコンビネーション・ブロウである。

その一発は、フォアマンの首を四十度もねじらせた。

右のクロスパンチでグローブと前腕の横をとらえた。

（これは二重の衝撃を与えたにちがいない）

まずグローブがダメージを与え、それに追い討ちをかけて腕がぶつかり、眼もくらむような衝撃を感じさせるのだ。

防壁は、脳の内側からひび割れを生じはじめる。

フォアマンはたじろぎ、よろめき、アリをにらみつけながらも、パンチをくらう。

ずしり、どすん！

二発のパンチが命中する。

それが終ると、アリはフォアマンの首をかかえこむ。

兄貴が、柄ばかりバカでかくて頭の足りない弟をたしなめているふうに見える。

こんな見せ物を、観衆にまじっている自分の敵に見せつける。

――フォアマンが勝つなど、どこのバカが云ったのだ？――

こうして、ジョージの首をひきまわしながら、アリは長くて白い舌をペロッと出してみる。


ここまでで勝負はついていた……というのがノーマン・メイラーのその場における見定めだったのか、結果からみちびき出される描写なのか。ともかくメイラーは、おそらくリングに近い特別席から、すさまじい衝撃音や、リングシューズとリングのキャンバスがこすれ合って発する音を間近に聴き、同時に発する松ヤニの匂いを嗅ぎながら、この試合を観ていた重要な証言者のひとりだ。

この試合におけるアリとフォアマンを闘牛士と牛に喩《たと》える人は多いだろうが、第五ラウンドの段階で〝家庭の主婦がケーキの出来ぐあいを、爪楊枝でつついてためしてみる〟や〝兄貴が、柄ばかりバカでかくて頭の足りない弟をたしなめている〟などの比喩はメイラーの真骨頂というものである。

だが、これらの魅力的な比喩もまた、信じられぬ試合の結果から巻き戻した記憶を自己流に再構築したさいに生まれたものではないか……という邪推に私はつつまれてしまう。第五ラウンドで、この試合をすでに見切っていたとすれば、メイラーにとってあの最後の奇跡のような結末は、意外でもなんでもない想定内のシーンということになるのだ。

ノーマン・メイラーは、このように的確で魅力的な表現や比喩とともに、六ラウンドから七ラウンドまでを追ってから、おもむろに八ラウンドのシーンをたどりつづけ、クライマックスにいたる。

八ラウンドの終了する二十秒前、アリは攻撃に出た。

自分の能力を計算に入れ、二十年にわたるボクシング経験を生かし、リング上で攻撃すべき場合とそうでない場合のチャンスを心得た上で、彼はこのチャンスを選んだのだった。

ロープにもたれながら、フォアマンに、左、右の連打を放ち、さらに、ロープからはなれて、左、右のパンチをくりだした。

最後の右パンチは、例によってグローブが当たると同時に前腕もぶつかり、フォアマンは頭がくらくらっとして前かがみになった。

フォアマンの身体をやりすごして、アリは右パンチを顎のわきに決め、ロープからとびだすと、次のパンチを決めやすいように、相手の身体を押した。

この試合ではじめて、彼はリング中央でフォアマンに迫った。

こうして、第一ラウンドでみせたのと同じくらいスピードがあり、しかも、より重い、より的確なコンビネーション・ブロウを浴びせかけた。

はげしい右をつづけざまに三発決め、さらに左を命中させる。

これでフォアマンは自らの危機を自覚し、なんとかガードをかためなければいけないという表情をあらわした。

相手は果敢な攻撃に出ており、しかも、ロープを背にしてはいない。

なんという変わりようだ。

俺は、まさに、風前の灯《ともしび》ではないか！

ちょうどそのとき、グローブにつかまれた拳大のロケット弾が、フォアマンの心を引き裂いた。

この波瀾《はらん》にみちた夜で、もっとも効果的なパンチだった。

アリがねらいすましてくりだしたパンチである。

パラシュートを背負って、飛行機から飛びだす男みたいに、フォアマンの両腕が横に開き、このバランスを失った姿勢のまま、彼は中央によろめき出た。

こうしている間、彼の目はアリに釘づけとなり、その目にはもはや怒りの色もなく、アリが世界最強の男だと思い知った表情が浮んでいた。

彼の目には、死んでいくもののうつろな影が宿っていた。

めまいがジョージ・フォアマンに襲いかかり、彼を呑みこんだ。

バランスをくずし、ふらつきつつ、ずっとモハメド・アリをみつめつづけ、どうすることもできず、彼はつまづき、身を沈めた。

その心は、チャンピオン・シップの誇りとともに高きにありながら、その身体は大地を求めていたのだった。

彼は、悲報を受けとった直後の、六フィートも背があり、六十歳にもなる老執事みたいに、その場に倒れ伏した。

そう、二秒間は打ちひしがれて身動きひとつしなかった。

あらゆる階級のなかで最強のチャンピオンがダウンしたのである。

アリは小さな円を描いて、そのまわりをステップしながら、立ち上がってきたら、もう一度パンチをふるうかまえをみせた。

しかし、その必要はなかった。関係者がリングの方へ殺到した。レフェリィがアリをコーナーへもどした。アリはそこに立ちつくし、呆然としているようだった。

ノーマン・メイラーは、とてつもない事態いや事件が起こっているありさまを目と心に刻みつづけているようだが、その結果を予定していた者であるかのごとき気分満点のクールさが、やはりそこはかとなく伝わってくる。

しかし、とてつもない事件と感じつつそれが想定の内にある事態だと思い込むのは、試合が終った直後に、すべての観客あるいは世界中のアリ・ファンがおぼえた錯覚であったかもしれない。

私もまた、強者フォアマンに立ち向かうアリに〝不安〟と〝危険〟をかさねつつ、テレビで中継された画面の刻一刻を追っていたが、アリの奇跡的勝利で試合に終止符が打たれた瞬間、「どうだい、アリはやっぱりアリなんだよな!」というセリフを誰かに伝えたい気分になっていたのはたしかだった。これは、アリのファンにとって気の弾む、好みの錯覚だったのだろう。そして、アリはファンにそのような手品を、見せつけつづけてきたボクサーなのだ。

アリが敗者となったときのセリフを用意していた辛口のファン、あるいは反アリ的感覚の持ち主とても、そのセリフをいったん呑み込まざるを得ず、ここでまたアリの神話ってやつが生まれたのか……と、やけっぱちの苦笑いをかみしめるしかなかったことだろう。

ただ、結果的にアリに新しく加えられたこの伝説が、ソニー・リストン戦後に誕生したアリ伝説と同じだったかと言えば、やはりそれはちがうだろう。

リストン戦後のアリは、世界ヘビー級チャンピオンの影響力を存分に発揮して、ブラック・パワーの気運を急上昇させ、アメリカ合衆国の〝差別〟への反抗が黒人たちのあり得べき正しい生き方であることに説得力をもたせ、アフリカン・アメリカン自身の中に隠蔽された、〝黒〟への差別をも炙《あぶ》り出すというふうにはげしい波紋を広げていった。

それに対して、WBC世界ヘビー級チャンピオンのベルトに、WBAのベルトをも加えたフォアマン戦の波紋は、やはり偉大なボクサーとしての神話の表面張力を超えることはなかった。

モハメド・アリがフォアマンに向けた、「お前は何を代表しているんだ？　誰を代表しているんだ？」という謎かけは、実はそのときすでにアリ自身にも向けられるべきであったかもしれなかったのだ。そんな荒涼たる空気の中でのアリはフォアマン戦において、ボクシング界という範囲内での、新たな伝説を刻んだということになるのだろう。

## 6　アリの戦歴から抹消された試合

一九七四年十月三十日にジョージ・フォアマンに八回ＫＯ勝ちをして、ＷＢＡ・ＷＢＣ統一世界チャンピオンとなったモハメド・アリは、一九七五年三月二十四日に、無名のチャック・ウェプナーと初防衛戦を行ない、十五回ＫＯ勝ちするが、ウェプナーの善戦が光る試合となった。この試合でアリがダウンを喫したシーンについて、それはウェプナーがアリの足を踏んだため……と、そんな程度のことが取沙汰された試合でもあった。日本のファンにとって、チャック・ウェプナーは翌一九七六年、イノキ対アリ戦と同日にニューヨークでアンドレ・ザ・ジャイアントと異種格闘技戦を行なったボクサーとして名を知ることになるのだが、このアリとの試合は何ということもない防衛戦であった。

一九七五年十月一日、フィリピンのアラネタ・コロシアムで、宿敵フレージャーを相手に四度目の防衛戦が、前述したように〝スリラー・イン・マニラ〟というキャッチフレーズのもとに行なわれ、アリは十四回ＴＫＯ勝ちをおさめた。この試合はアリにとって六度目となる〝リングマガジン　ファイト・オブ・ザ・イヤー〟に選出され、フレージャーとの〝死闘〟の終止符として話題になった。

アリは自分とフレージャーとの対立軸には、黒人内白人というテーマをあえてもち込まずひたすら〝美〟対〝醜〟あるいは〝グレート〟対〝ゴリラ〟だった。これはリストン戦のときのフレーズでもあったが、この試合からも私はアリとフレージャーのあいだに生まれたらしい奇妙な〝友情〟が伝わってくるのを感じた。

たしかに、この試合は宿敵であるジョー・フレージャーとの意地をかけての闘いであり、フレージャーがアリのタフなボクサーという一面を証明する役をこなす試合となり、ボクシング界あるいはスポーツ界で絶賛される名勝負ではあった。だが、やはりそこには依然としてボクシングを超えた衝撃的〝ミラクル〟は存在しなかった。

そして、アリのボクサーとしての真価を表現する試合も、ここでピリオドを打たれたと言ってよかったのである。

モハメド・アリはこの試合で引退していればよかったのだ……と考える専門家もファンも多い。たしかに、ボクサーとしてだけ思うなら、私は、〝黒人内白人〟のテーマを対立軸として構築したジョージ・フォアマン戦で幕が引かれていたら、その伝説の輝きはさらに増していたという気がする。

それはさておき、一九七五年、フィリピンでのフレージャー戦のあと、モハメド・アリはジャン・ピエール・クープマン（ベルギー）、ジミー・ヤング、リチャード・ダン（イギリス）、ケン・ノートン、アルフレッド・エバンゲリスタ（スペイン）、アーニー・シェーバース、レオン・スピンクス、レオン・スピンクスとの再戦、ラリー・ホームズ、トレバー・バービック（カナダ）らとの十試合をこなしている。

ケン・ノートンとは、一九七三年三月三十一日のNABF北米ヘビー級タイトルマッチで、アリのアゴの骨折が試合後に判明し、アリは一九七一年三月八日のフレージャー戦以後二度目となるプロ二敗目を喫している。それから三年越しの一九七六年の再戦では三対〇の判定勝ちをおさめたものの、勝利を確信したノートンが試合後に不満をぶちまけた微妙な判定だった。

一九七八年、十一度目の防衛戦での、モントリオール・オリンピックの金メダリストであるレオン・スピンクスとの試合は、中盤まで若いスピンクスのノンストップの連打に、アリはなすすべがなく、二対一の判定負けで、WBA・WBC世界ヘビー級のベルトをスピンクスに奪われた。

その六カ月後の再戦では、アリが前人未到の〝ヘビー級王座三度獲得〟をかけた試合となり、終盤までスタミナを保って三対〇の判定勝ちをした。この試合後、アリはチャンピオンのままでの引退を表明した。アリ・コールのシュプレヒコールにつつまれたこの引退が、ある意味、ファンを安堵させたのはまちがいなかった。アリに期待するファンのハードルが下がる一方というなりゆきのあげくの引退だった。

ところが、一九八〇年十月二日、アリはなぜか突如復帰表明を行なう。そして、かつて自分のトレーニング・パートナーであったラリー・ホームズの八度目の防衛戦の相手として名乗りをあげたのだった。しかし、四度目の王座返り咲きをかけたこの一戦は、ホームズの高速ジャブにまったく反応できず、打ちまくられたあげく十回TKOでアリの敗戦となった。

それにしても、ファンが望まない何度もの賭けを実行し、そのたびにアリの試合への満足度のハードルが下がってゆく顚末《てんまつ》だったが、アリがリングに上がらざるを得ぬリング外の事情があるのではないかという憶測が、ファンの頭をよぎるのだった。

さらに、ファンの誰もが信じたくなかった再度のカムバックによるトレバー・バービック戦でも、十一歳若いバービックの前に、アリのスローなパンチは空を切り、倍以上のパンチの返礼を受けるという、往年のアリを逆転させたような試合ぶりで、最後まで立っていることを、アリ自身もファンもかろうじて誇りとするしかない、寂しさにみちた試合となってしまった。

ボクサーとしてのアリの最晩年が、ファンの期待を裏切っては失望させ、それでもまたかぼそい残り火を燃えあがらせようと企てたあげく、アリにとってもファンにとっても寂しい終焉《しゅうえん》を迎えたと言ってよいだろう。

一方、かつてプロボクサーの域をはみ出した存在であったモハメド・アリが背負ったものは、ブラック・パワーが意味したさまざまなイメージの集合体であった。アリが引き受けた黒い世界の象徴性は、混沌としてしかも互いに火花を散らしつつ、分裂と対立をつづけながらも、アメリカ合衆国を正面の敵として見すえるブラック・パワーとかさなるものであった。だが、黒い世界がもっていた毒性が溶解し、ブラック・パワーがつくり上げていった状況そのものが解毒されてしまえば、その象徴《シンボル》たるアリの魔力もまた無害とならざるを得なかった。

さて、アリの最後年の戦歴については、ベースボール・マガジン社で発行されている二〇一六年六月十七日発行の、『ボクシング・マガジン』の「モハメド・アリ追悼号」と題した増刊号の巻末に記載された「モハメド・アリ全61戦記録＋1」の記述を参考にさせていただいた。

そして、この記録には「モハメド・アリ全61戦」ではなく、番外戦の〝＋1〟として一九七六年六月二十六日の日本武道館における、モハメド・アリ対アントニオ猪木の試合が加えられている。このあたりに私は、ボクシング専門誌であるがかつては『レスリング・アンド・ボクシングマガジン』誌の名のもとに、日本のプロレスとスイングするイメージもあった『ボクシング・マガジン』誌の、武士の情を感じたものだった。アリの戦績を記載するにさいして、これは日本という土壌以外では考えられぬ〝＋1〟にまちがいないのだ。

その〝＋1〟の枠内に、イノキ対アリ戦についての短評が書かれている。

ボクシングファンが悪い冗談としか受け止めなかった「格闘技世界一決定戦」は、

寝転がってキックを繰り返す日本人レスラーの戦法もあって、最後まで何も起らないまま終了。「世紀の凡戦」と叩かれた。アリはいろんな国でいろんな人物とスパーリングやエキジビジョンマッチを行なっており、海外では、そのひとつ程度にしか受け止められていない。しかし、日本では40年経った今、伝説的な戦いとして美化され、語り継がれている。

この記述から立ちのぼる感触は、世界中のボクシング・ファンおよびスポーツ・ファンの感覚と大いにフィットし馴染むものにちがいない。これが、大多数の眼差しを代表する〝あの試合〟へのアングルであることに、異論をとなえる気はさらさらない。ただ、ここで〝日本では〟と記されている言葉は実は〝日本のプロレス・ファンの中では〟の意であり、さらに分け入れば、〝日本のイノキ・ファンの中では〟が正確ではなかろうか。そして、いわゆるプロレス・ファンおよびイノキとは別団体のプロレス関係者の思いは、また別物であったはずだ。

たしかに、あの試合は魑魅魍魎《ちみもうりょう》が跳梁跋扈《ちょうりょうばっこ》し、摩訶不思議なりゆきで推し進められたことをイノキ・ファンは漠然と感じ取ったあげく、何はともあれ実現したこの試合に、それぞれの夢を託したのはたしかだった。

そして、この試合の進行ぶりやその結末のシーンを見て、〝世間〟から〝世紀の凡戦〟

のそしりを受けても仕方あるまい……という意味合いでイノキ・ファンが臍《ほぞ》を噛む思いを孤独に味わったのもたしかだった。しかし、私にとってそのことはイノキ対アリ戦を〝世紀の凡戦〟とみとめたこととイコールではなく、その評価を打ち返す銃弾が、自分の銃に装塡されていないことへのもどかしい自覚にもとづくものであった。

あれから四十一年……この試合を自分なりの流儀で検証してみようか、と私は思い立った。自分の銃に何発かの銃弾がようやく込められた……という手応えをおぼえたのをきっかけとする、大袈裟な表現を用いれば、臥薪嘗胆《がしんしょうたん》のあげくの捲土重来《けんどちょうらい》気分とでも言えよう。

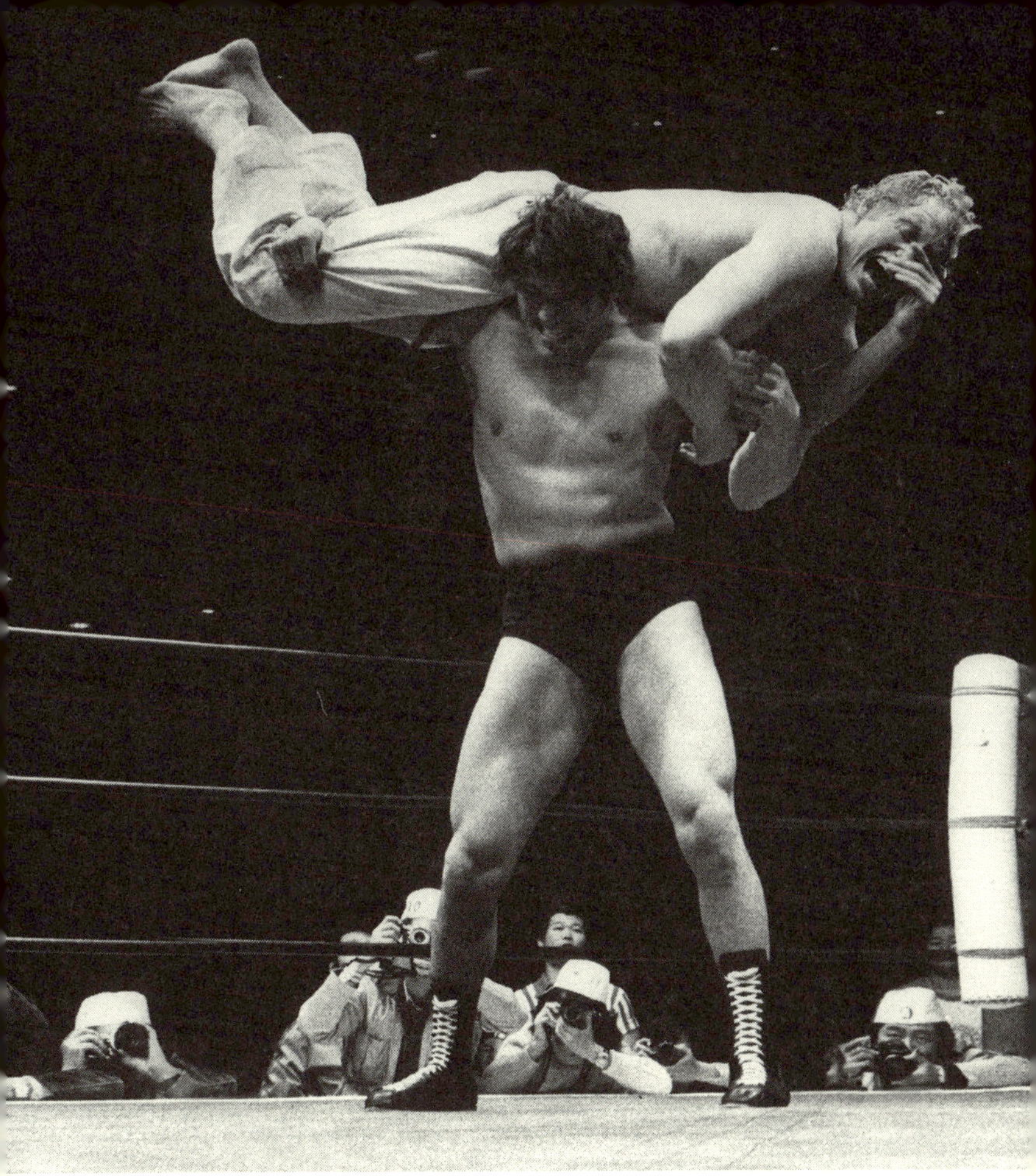

ウィルエム・ルスカに飛行機投げを仕掛けるアントニオ猪木
1976年(毎日新聞社提供)

# 第4章 イノキの筋道

## 1　ブラジル移民からプロレスへ

前章では、モハメド・アリの道筋を洗い直し、そこにからむアリ流の〝筋道〟の全盛ぶりと、その〝筋道〟の寂《さび》れまでを追ってみた。

黒人という〝公〟を背負って生まれたアリは、個人的反差別性すなわち〝個〟の怒りを〝公〟の主張に昇華させ、その独自の発想と勇気によって、破格な光彩と影響力をおびて拡大していった。アリの生き方が単なる道筋でなく、アメリカの白人のみならずアメリカの黒人の中にも棲みつく〝黒〟への差別を炙り出し、その差別を打ち砕くという筋道の色に染まってゆく過程と、その光芒が先細ってゆくけしきの余韻を、私はいま感じ取っている。

そこで、ボクシング世界ヘビー級チャンピオンであるモハメド・アリと〝極東の一介のプロレスラー〟に過ぎぬイノキの遭遇など論外のまた外……といった〝世間〟の価値観による、アリとイノキの力関係をとりあえず受け入れつつ、私なりにこの途方もなくへだたった二つの星が、なぜか結ぶはずもない線を結び、交わるはずもない糸が編まれてゆく摩訶不思議な命運のようなものをこれからたどり直してみたいのである。

まずは、イノキ・ファンにとっては常識中の常識ながら、アントニオ猪木の原点にある土壌の匂いをおさえておかねばなるまい。

アントニオ猪木すなわち猪木寛至《かんじ》は、一九四三年二月二十日、横浜市鶴見区に鹿児島県出身の猪木佐次郎の六男として生まれた。ちなみにこれは、一九四二年一月十七日生まれであるモハメド・アリ誕生のほぼ一年後のことになる。そして、五歳のとき父が他界し、寛至は祖父に預けられるかたちとなる。

祖父である相良寿郎は、景気のよい頃に買い求めた鶴見区の百十坪ほどの広大な敷地にある茅《かや》ぶきの屋根をもつ家に住んでいた。祖父の先祖は熊本県人吉《ひとよし》の相良《さがら》藩の領主で、祖父はそれを誇りにしていたようだというのは、イノキ自身の語るところだ。

ただ、終戦直後の混乱期における父の死は、猪木家を大混乱におちいらせた。母が父の仕事を受け継いだがうまくはいかず、当然のように借財がかさんだ。そんな雲行きの中で猪木家は移民団への参加という思い切った行動に出る。

高度経済成長期をむかえる前の戦後の日本では、自分の未来に不安をもったり海外で一旗あげて帰ってこようという人が、ブラジルを主流とした中南米の移民受け入れ国を目ざして出ていくというケースが生じていた。

そのながれに乗って自分の夢を実現させようという三兄の情熱が、猪木家のブラジルへの移住を決行させたのだった。家庭の事情と三兄の夢がかさなってのことだったのである。

かくして、父親の代わりに会社経営をする次兄と、猪木家の家計を背負い、幼稚園運営を維持しなければならぬ姉たちを残した、祖父と母をふくむ六人が一九五七年（昭和三十二）、横浜第三埠頭からサントス丸で出航した。当時十四歳だった寛至は、おそらく家族会議のカヤの外にあって、漠然とした気分の中で地球の裏側へとその体を移動させて行ったにちがいない。そしてこれが、寛至にとっては五歳のときに生家から祖父の家に引き取られたことに次ぐ、〝非定住〟の生き方の大きな第二歩目となったのだった。

猪木一家を乗せた移民船サントス丸の航海中に、寛至が憧れの心を抱いていた祖父、寿郎の死という悲しい事態が生じた。パナマ運河を渡って、クリストバルという港で初めての下船がゆるされたさい、兄と寛至が一ドルで買い、船に持ち帰ったバナナを食べた祖父が、高齢でのながい航海で内臓が弱っていたためもあって、腸閉塞を起こして死にいたったのだった。

自分は十四歳で、人生でこんな悲しい思いをしたのは初めてなんです。とにかく希望に燃えてブラジルへ行く途中で、いちばん慕っていたおじいさんが亡くなった。そのときに船長さんが、おじいさんは世界の守り神ですよ、おじいさんの水葬に対してここを通る船がぜんぶ汽笛を鳴らして通るというんです。世界の守り神になったんだから幸せですよ、という言葉を言ってくれた。

後になったら何てことはない、赤道直下は、船が通りすぎるときにはかならず汽笛を鳴らすわけですよ、船長さんの言葉はそういう意味だったわけですね。でも、その当時は、ほんとにおじいさんが世界の守り神になったのかなというので、それがただひとつの慰めでした。

（『月刊プレイボーイ』一九八二年一月号インタビュー）

イノキのバネとなる逸話らしい悲しい思い出である。そして、一家がそんな感傷にひたっているうちに、船はサントス港に着いた。

サントス港で降りてサンパウロへ行き、そこで貨物列車に閉じ込められ、干し肉と豆をかじるだけの三日間をすごすと、リンスという駅で降ろされた。その駅からトラックでさらに奥地の開拓農場へ。けっきょく寛至は家族とともにそこにあるコーヒー園で働くことになる。そして、電気も便所もなく、あかりといえば古ぼけたランプだけしかない粗末な小屋で、想像もしなかったブラジルでの生活がはじまった。

そんな生活ぶりの中で寛至は、ブラジルの空がぬけるように青く夜になれば無数の星の輝きが手がとどくほど低く見えるありさまへの感動を、目に灼きつけていたりもする。

物心ついてから十四年という感受性の強い期間に、実家から祖父の家へ、そしてブラジルのコーヒー園を転々とする……そんな〝非定住〟の道筋を踏む寛至少年の日々が、のちのちアントニオ猪木として感じ取ることになる夢と現実、虚構と事実、イメージと実体、光と闇、善と悪、苦悩と快楽、遠心力と求心力、解放感と集中力、日常と非日常、束縛と自由、清と濁などの交錯し溶け合う感性の原点となっているというのは、いささか強引ではあろうが、突飛な想像でもないだろう。

一年半というコーヒー園での契約を全うしたあと、二人の兄と寛至は日本人で農場を持っている人のもとで土地を借り、小作人として働いた。そんな時間の中で、寛至の体格が急激に成長したため運動神経が鈍くなっていると感じた兄が、砲丸投げの球を買って与えた。

そして寛至は、円盤投げと砲丸投げで、オール・ブラジル大会の優勝を勝ち取る……その成果が新聞記事となり、ブラジル興行に来ていたプロレスラーの力道山が、たまたまその記事を目にとめた。これがプロレス入りのきっかけとなった。十八歳の寛至が、本格的に〝非定住〟を日常とするステップを踏む始まりであった。

寛至が力道山にスカウトされて日本プロレスに入門したのは一九六〇年四月のことで、その年の九月に猪木寛至としてデビュー戦を行なっている。力道山が、独自の発想ともいえる〝ワールドリーグ戦〟の第二回を迎え連続優勝をした年のことだ。そして、一九六二年に、リングネームをアントニオ猪木と改名する。プロレスラー、〝アントニオ猪木〟の誕生である。力道山が、ロサンゼルスを拠点とするWWA的色合いのショーマン的プロレスと、ルー・テーズとの抗争にあらわれるシリアスなプロレスとを共存させていた時期のことだった。

新人レスラー時代のイノキの写真を見た私は、それまでの日本人プロレスラーの地味な顔立ちにくらべてバタ臭く、まだやや細身であったが大腿部の太さが目立つ日本人ばなれした体型の新人があらわれたという心強い感じを受けた。そして、イノキより二歳上のプロレス・ファンであった私は、やがて台頭してくるであろうこの頼もしい新人に、ファンとして素直に期待の目を向けていたものだった。

一九六三年五月、イノキは遠藤幸吉との試合で左ヒザ靭帯を損傷した。そのため若手レスラーにとって登竜門ともなっていたアメリカ遠征がキャンセルされる不運にみまわれた。この〝不遇〟が、同じ年の十二月に赤坂のナイトクラブで刺されたのがもとで死にいたる終末期の力道山のありさまを、付き人として間近で体験することにつながってくる。この過程で、青年イノキの目に映った力道山の実像と虚像の幅、そして出自をもからめる〝世間〟からのスキャンダル暴露攻勢などの体験は、今にして思えば、ケガのためアメリカ遠征から外されていた〝レスラーとしての不遇〟によって得た、かけがえのない宝物と言ってよいかもしれなかった。

そこからイノキが何を学び取ったかの心のど真ん中は知るよしもないが、虚と実の幅が常識を超える力道山の危ない魅力と、その〝虚〟につき合うことなく〝実〟を暴きスキャンダルの色に染める〝世間〟の攻勢力とのせめぎ合いのすさまじさから、のちのイノキを成立させる根本的な〝何か〟をつかんだのではなかったか。

しかし、イノキはその体感を、いったん体の底へ沈み込ませる。

力道山の死後におけるイノキの時間を洗い直していけば、一九六六年四月の東京プロレスの設立とその解散、一九六七年四月の日本プロレスへの復帰とジャイアント馬場と組んだBI砲の誕生、一九六九年十二月のドリー・ファンク・ジュニアとの時間切れ引分けの〃名勝負〃、一九七一年五月のジャイアント馬場への挑戦表明と日本プロレス協会による〃時期尚早〃とする却下、同年十一月の女優・倍賞美津子との結婚と十二月の〃会社乗っ取り〃を企てたとしての日本プロレスからの追放処分、一九七二年一月の新日本プロレスの旗あげとカール・ゴッチとの〃実力世界一〃のベルトを賭けた試合、一九七三年二月の日本プロレスと新日本プロレスの合併（日本プロレス興行会社の名称になる）、同年四月からの新日本プロレスへの柔道界で名を馳せた坂口征二の入団を機にスタートしたNET（テレビ朝日）「ワールド・プロレスリング」の放映開始、同年十一月の新宿伊勢丹前でのタイガー・ジェット・シンによる襲撃事件……などが私の目には太文字として見えてくる。これは、イノキがプロレスラーとして成立する過程を示す、解りやすい折れ線グラフとも言えるだろう。

この折れ線の起伏からは、出生から家族や周囲に与えられた〃道筋〃をたどっていたイノキが、そこに自分なりの生き方を見つけようとするあがきのあげく、独自の〃筋道〃にいたる行程を汲み取ることができるのである。

イノキ・ファンたる私自身についての、この時代のベクトルにおける関心のありかたをたどり直すならば、自分が身を置く社会自体に虚と実のひび割れが生じ、〃世間〃の秩序がぐらついてゆく傾向に気がとらわれていた。

旅客船「ぷりんす号」乗っ取り犯狙撃の映像、作家・三島由紀夫の割腹事件、連合赤軍による妙義山、榛名山、迦葉山アジトでのリンチ殺人事件とあさま山荘事件、川端康成の自殺……これらはいずれも、現実に起こった〝事件〟でありながら、〝虚〟のイメージを強くはらんでいるようだった。

シージャック犯の射殺の瞬間を伝える映像、三島由紀夫の市ヶ谷自衛隊での音声つきの演説シーンの放映、連合赤軍が人質をとって立てこもった軽井沢の別荘あさま山荘の壁に、警察隊がクレーン車で吊り上げた二百トンの大鉄球をぶち当てて大穴をあける攻撃の実況中継的な放映などを、一般人が茶の間のテレビで見物するありさまは、テレビ時代における日常と非日常、実と虚の縫い目の判別を混乱させる異様な事態と言ってよかった。

日常をゆさぶるそんな〝激動〟に翻弄される気分に身をゆだねつつ、編集者としての仕事をこなしていた私は、この時代のベクトルの中においては、プロレスという額縁の中にある判然とした〝虚〟と〝実〟のけしきへの興味が薄らいでいたのかもしれない。

## 2　〝過激な観客〟倍賞美津子

ところで、この世に生を受けてから十七年の目まぐるしい時代様相の変化は、いわゆるハングリー精神とはいささかちがうタイプのエネルギーを、イノキに植えつけたのではなかったか。

目の前のけしきが猫の目のように変化することを咀嚼《そしゃく》せぬまま日常とする時のすごし方の中で、自分をふり回す運命を、劇中劇を見る気分で打ちながめる、そのつみかさねの中でイノキは感受性の強い成長期の少年らしからぬ心根をその体に宿らせたという気がするのだ。

ただ、イノキもまた私とはまったく別のところから、あさま山荘事件の実況中継や三島由紀夫の割腹決行直前の演説の映像、シージャック犯射殺の瞬間などが映し出された衝撃的映像を目にして、何かを感じていたにちがいない。

〝虚〟と〝実〟の境界線が見切れないテレビ時代の真っ只中で、いわば〝虚のような風景〟をリング上に生んで観客を惹きつけてゆくプロであるはずのプロレスにとって、ハードルの高い時代風潮がやってきたということでもあった。そんな中でも、プロレス内プロレスのスターは次々と輩出し、彼らがそれなりの光を放っていたのもたしかで、プロレス・ファンはそれらの存在に目を惹かれてもいたことだろう。だが、人々の中に、非日常的なけしきへの馴れが生じていたのはあきらかで、プロレス・ファンもまた、力道山が出現した当初のようなウブな存在ではなくなっていたのである。

イノキは、そんな雰囲気につつまれながら、きのうの自分とあしたの自分のあいだで、今日の自分に激変の兆しが生じるかもしれぬという夢を胸におさめ、いずれ手にすることになる〝過激なプロレス〟への筋道を模索しつつ、試行錯誤をくり返す時を紡いでいた。

そんな矢先、イノキの前にあらわれた女優・倍賞美津子の存在が、イノキの生き方に激変を与えるきっかけともなった。

一九七一年の三月二十六日に、ロサンゼルスのオリンピック・オーデトリアムでジョン・トロスからUNヘビー級王座を奪取し、イノキは羽田空港でその報告の帰国会見を行なった。

日本のファンに馴染みのないUNヘビー級ベルトの価値や、これまで来日したこともないジョン・トロスというレスラーの値打ちなどについての、スポーツ記者の質問をやりすごし、「そんなことよりですねえ……」という感じで、倍賞美津子との婚約を発表する……二十八歳のイノキのしたり顔が、見えるようだ。空港でのこの婚約発表は、あきらかにプロレス的インパクトを超える通用度で、〝世間〟に知れわたったのだった。

そして、アントニオ猪木の〝過激な観客〟たる倍賞美津子の感性の刺激が、イノキの人生に巨大な影響を与えた……というのは、十分に考えられることなのだ。

「過激なプロレス」は「過激な観客」を生んだ。彼らは、会場に足をはこび、自分だけの眼を基準にして、プロレスの真髄をつかみとろうとする。彼らの眼には「殺気」

さえ漂うことがある。彼らは、プロレスの匂いを鋭く嗅ぎつけ、プロレスに人生を見続け、プロレスを監視している。

「過激に闘う者」と「過激に見る者」の緊張した関係は、時間無制限デスマッチという様相を呈している。「過激に闘う者」と「過激に見る者」は互角である、と私が主張するゆえんだ。

恐縮ながらまたもやこれは、拙著『私、プロレスの味方です』における「あとがき」の一節だ。三十七年前に書いたこのくだりでの主張は、今の私の中にも矛盾なく生きている。プロレスの領域のみでなく演劇、文学、芸能、政治……とさまざまな世界において、この構造は通用するはずなのだ。そして、くり返すが二十八歳のイノキの前にあらわれた、女優・倍賞美津子はあきらかにイノキを〝過激に見る者〟であり〝過激な観客〟であったにちがいない。

倍賞美津子には、女優として自らの演じる〝虚〟の中にいかに〝実〟を光らせるかというテーマをからめることが少なからずあったはずだ。彼女はこの結婚によって、イノキとのそんな共通点をはらみながら、女性であることをふくめた多様な感性で、〝過激に見る者〟としての〝過激に闘う者〟への互角の立場からの監視の目を向けダメ出しのできる、イノキの至近距離に存在する〝過激な観客〟となったはずである。

また彼女は、プロレスの領域を超える視野から、遠慮のない直言を突き刺すことがあったり、突拍子もない事柄とプロレスを結びつける言葉をイノキに向けたりもしたにちがいない。妻となった倍賞美津子が、ある時期におけるイノキにとっての羅針盤の役割を演じていたとするのは、私の勝手な仮説にすぎないが、この仮説に私はけっこう自信をもっている。

この段階でのイノキは、自らの個性を強く打ち出す〝燃える闘魂〟へ向かう過渡期であったかもしれない。

年譜的にイノキの経緯を追ってみると、女優・倍賞美津子との遭遇によって、にわかに別な色の〝筋道〟に染まってゆく自分自身に、刺激的興奮をおぼえているイノキの心を汲み取ることができるのだ。

そして、レールとして敷かれた〝非定住〟の〝道筋〟から、自らの描く〝筋道〟へと軌道を変化させてゆくけはいが、イノキの身に生じているのを感じさせられるのだ。

プロレス内で生きてきたイノキの視野が、倍賞美津子からの刺激によって大きく広がり、プロレスの枠を超えた表現者のセンスが磨かれていった。実際、結婚後のイノキの生き方には、荒々しい波がおとずれている。今となってはその荒々しい波は、向こうからおそってきたというよりも、むしろイノキという存在が起爆装置となって引き寄せた事柄であるようにさえたどり直せるのだ。

倍賞美津子との結婚式は、〝一億円結婚式〟としてマスコミの話題を賑わしたが、その半年ほど前、イノキはジャイアント馬場への挑戦を表明、日本プロレス協会に〝時期尚早〟としてこれを却下され、さらに結婚直後の一九七一年十二月十三日、イノキは〝会社乗っ取り〟を企てたとして日本プロレス協会を追放されている。私の記憶からは「東京スポーツ」紙の〝会社乗っ取り〟の太文字と、当時住んでいたアパートから会社へ向かう途中の大井町駅の売店がかさなってよみがえってくるのである。それまで同紙の見出しに躍った〝銀髪鬼ブラッシー〟〝魔王ザ・デストロイヤー〟〝生傷男ディック・ザ・ブルーザー〟といった見出しの延長線上の「東スポ」らしいムードが二人の結婚を報じるその太文字からは伝わってくるようだった。イノキにとってその内実が、そんな悠長な問題でないことはあきらかなことなのだが、イノキの命運を年譜にかさねるファンとしての私は、この〝追放処分〟にそれほど悲観的なイメージをいだくことはなかった。

私がその〝会社乗っ取り〟の大見出しに演劇性を感じたのは、その結果としての〝追放処分〟が、イノキにとっての悲劇的情報とは見えなかったからだろう。降ってわいた災難、あるいは自業自得といったイメージよりも、それはやはりあえてイノキが引き寄せた命運という匂いがそこから立ちのぼるように思えたのだった。イノキ・ファンとしては、これでアントニオ猪木が呪縛から解放されたという、むしろ安堵の思いさえあったという気もする。

そんなのっぴきならぬ窮地から〝過激な観客〟倍賞美津子との一体化というよりも〝個〟と〝個〟が刺激し合い、感じ合う時間と空間がスタートしたことで、イノキの〝筋道〟に確信がそなわっていったことを想像させるのだ。

それに、この窮状の中でようやく活かされてきたのが、少年の頃から身についていた独特の〝達観居士〟的な習性ではなかったか。プロレスラーは、現実の生活においてもどこかで人並みはずれたイメージをかもし出す必要のある職業といってよいのだが、イノキの内側にある、地面に這いつくばって生きることに馴染むようなセンスが、実はイノキの隠し持つ飛翔のバネであった。明日の自分への希望が断ち切られた悲惨な現実を、どこか他人事のように無感動にながめる習癖が、その精神の芯のところに仕組まれた不思議なクッションとして仕立て上がっているかのごとき強さがあったのだ。

「何も音がしなくなると、風の音だけが聞こえてくることがありますね……」

これは、一九八二年に拙著『ファイター』を書くためにブラジルに赴いたさいに、現地で偶然に会うことができたイノキから聴いた、つぶやくような言葉である。それは、イノキの繊細さの証でもあり、脆《もろ》さの発露でもあり、本質的感性でもあり、謎めいた衣でもあるように私は感じたものだった。

それから二十年以上も時をへたあとに、コーヒーの味についての雑談の中でのアントニオ猪木の言葉が、あの謎めいた〝風の音〟という言葉に、輪郭と根拠を与えるように思ったものだった。

　ゆとりのあるコーヒーを愉しみ味わっているのは世界中のゆとりのある生活をしている人々であり、コーヒー豆の生産者たちは、赤道をはさんだ極貧生活者である人々だ。それゆえに、コーヒーをおいしく淹《い》れて飲む工夫をするのが、貧しい生産者への感謝の証でもあり礼儀でもある……というのが、私が作家生活をこなし始めた頃に偶然に知り合った、コーヒー豆を販売する店の店主のこだわりだった。コーヒー豆はその運搬の途次でどうしてもかすかな塵《ちり》や汚れが附着してしまう。だから熱湯で一度豆を洗うのです……と、店主は烏龍茶《ウーロン》を飲むときに茶葉を最初に湯で洗い流すやり方で、コーヒー豆を布で濾《こ》すさいに、まず熱湯で一度コーヒー豆を洗い流したあと、おもむろに湯をカップに注いでくれた。こうやればえぐみのないコーヒーが味わえるでしょう……という言葉通り、そのコーヒーにはたしかにすっきりとした味わいがあった。

　コーヒーも飲めない極貧の人たちが生産するコーヒーを、ゆたかで余裕のある人たちが味わっている……という店主の視点と、その生産者たちへの礼儀であるかのような味わい方に、私はうなずかされるものを感じた。

　で、しばらくしてイノキにその話を伝えると、表情が何となく曇ったように見えた。相手の言葉がストンと腑に落ちぬときにあらわす、独特の困ったような申し訳なさそうな表情であり、私はこの表情に何度か出くわしている。

「そのやさしさ、分かるんですがねえ……」

イノキは、しばらくの沈黙のあとそう言ってから、

「俺たちがブラジルのコーヒー園で働いてた頃は、コーヒーなんて一度も飲んだことがないんですよね。仕事の終りぎわに落ちている豆を拾って帰って、フライパンで煎ってそこへ熱湯をたらして……味も何もないんですが、ああ、これがコーヒーなのかなあと。そんな体験がありましたからねえ、コーヒーからえぐさがなくなるのは、俺にとって寂しいっていうか……」

私の持ち出した〝ちょっといい話〟に水をさして恐縮……というニュアンスを浮かべながらのイノキの言葉だった。

コーヒーからえぐさがなくなるのは寂しい……は、泣かせるセリフだった。その上に、かつてブラジルで聴いた「何も音がしなくなると、風の音だけが聞こえてくることがありますね……」という謎めいた言葉をかさねると、その上にイノキの体の芯にある〝達観〟の強靭さとアキレス腱とも言える繊細さの危ういバランスが描かれるような気がしたものだった。

イノキのプロレス人生にとって大いなるダメージを与えるはずの、日本プロレス協会の〝追放処分〟を、どこか他人事のように無感動に受け止める不思議なクッションが、その精神の芯に仕組まれているイメージは、そのあたりにつながっているかもしれないのだ。

## 3　「新宿ストリートマッチ」

　さて、〝一億円結婚式〟の費用は、日本プロレス協会負担のはずだったが、これは〝追放処分〟によって反故《ほご》にされ、イノキは結婚早々に莫大な借金を背負うことになった。これがイノキにとって想定外であったか否かはともかく、まさに、天と地の逆転ではあった。

　それでも、人気と実力をそなえた女優、それまでプロレス界という特殊な環境の中にいたイノキにくらべればはるかに広い視野と情報のゆたかさを有する倍賞美津子という存在の刺激を、身近で鋭敏に感じ取り、その刺激を自分の世界に活かすイメージを、イノキが次々と浮かべていかぬはずはない。

　倍賞美津子もまた、「何も音がしなくなると風の音がする」「コーヒーからえぐさが消えるのは寂しい」といった心根やブラジルの空の青さを目のうらに灼きつけて生きる、戦後の日本という土壌に育った男には見あたらぬイノキの骨太な感性に、新鮮さを感じたにちがいない。東京の下町育ちの彼女の体の内にひそんでいた自由奔放で雄大な大陸的感性が、イノキの自然体とスイングするという、想像外な発見もあったかもしれない。

　イノキの存在が、女優としての倍賞美津子の演技に影響を与えたか否かは私には想像のおよばぬところだが、それはイノキのリング上の技の攻防に倍賞美津子の影響を見るのがむずかしいのと呼応する事柄だ。だが、倍賞美津子の発想の中にイノキからの影響は生かされていたであろうし、イノキの発想の中にも、倍賞美津子からの刺激が生かされていたはずなのだ。

　そして、倍賞美津子との出会いは、イノキに対する〃世間〃の眼差しを一変させる効果にもつながった。プロレスという業界の内側にいるレスラーの一人であったイノキの存在が、にわかにまったく別な光彩をおびて〃世間〃に知れわたるという効果だった。ツーショット写真で倍賞美津子と並ぶイノキが、相方に見合う悠々たる風貌をそなえていたことも、この結婚によって初めてイノキに目を向ける人々にとっては、新鮮さをおぼえたかもしれなかった。

　この結婚によって、イノキという存在が、プロレス界という枠を超えて知られることとなり、意外な方向からマスコミの照明があてられることによって、〃世間〃の眼差しに微妙な変化をもたらしたと言ってもよかった。

　そんな感触もあって、膨大な借金をかかえての船出、あるいは新日本プロレスのスタート時に夫婦で街頭に出てチケットを売りさばく姿がカメラにとらえられたりしても、そこからみすぼらしいイメージが伝わらぬばかりか、逆に溌剌《はつらつ》たる青年が心強いパートナーを得て、さっそうと一から出直す清々《すがすが》しささえとどいてきたものだった。

　力道山は、戦後の日本人の中にあったアメリカへのコンプレックスの解消剤という意味合いを軸に、観客や全国の街頭テレビの前の群衆などをとりこにし、プロレスというジャンルとテレビジョンを連結させる、当時としてきわめて斬新な手法を用いて、時代の寵《ちょう》児《じ》的人気を得ていった。

そして、それと引きかえに、マスコミによる八百長説を中心とするプロレスの胡散臭さ、リング上の〝ニッポンの英雄〟が実は朝鮮出身者であること、リング上のヒーローの街なかでのケンカによる警察沙汰の暴露などというボディブローを浴びつづけた。時の勢いによってそれを蹴ちらし得なくなった晩年、そのボディブローの蓄積もあり、暴力団との関わりというダーティな噂も浮上するなか、力道山はファンの前からある意味でサディスティックな消え方をしたのだった。プロレス・ファンは、心情の混乱とともに力道山の余韻を受け止めるしかなかったのである。

その力道山の最終コーナーにおいて、イノキは間近にその経緯を体感しつづけた。力道山の爆発的人気、力道山対木村政彦戦への〝世間〟からの〝真剣勝負論〟をからめた非難の形跡、観客やマスコミへの並はずれたアピール力、晩年のショーマン・プロレスの苦渋にみちた拡大ぶり、日常生活における傍若無人なふるまいやエネルギッシュな事業計画、その死にいたる刃傷沙汰のからむスキャンダルなどを、イノキはつぶさに目と心の内によみがえらせていたことだろう。

力道山プロレスを冷徹に検証することによって、イノキはそこから生かすべき事柄と消すべき事柄の峻別《しゅんべつ》にいそしんでいたはずだ。力道山が残した〝正〟の札と〝負〟の札を宙に並べて検証し、そこに倍賞美津子という〝過激な観客〟からの刺激を楽しげに投影しつつ、自らの進むべき方向性を模索する絵柄が思い浮かんでくる。

イノキは、宙に並べたそれらの札の中でもっとも厄介で巨大な、〝世間〟からプロレスへの上から目線という札の表側と裏側のデザインを、ためつすがめつながめていたのではなかったか。ただ、人はもともと〝差別〟好きの生き物であり、自分自身の中にもその〝差別〟が宿っていることにまで思い及べば、〝世間〟の秩序という伸縮自在で老獪《ろうかい》な怪物への必殺の対処法など、浮かぶべくもなかったことだろう。

だが、その厄介で巨大な怪物への挑戦を思いめぐらすこともまた、敷かれたレールの〝道筋〟から自らが選ぶ〝筋道〟へと踏み出した当時のイノキにとってはけっこう楽しい時間ではなかっただろうか。こうやって、イノキの〝世間〟という怪物を標的にすえた〝筋道〟が、帝王切開の連鎖というイメージで展開されてゆくことになる。

イノキと倍賞美津子が路上に立ってチケットを売りさばいたという、一九七二年三月六日の新日本プロレスの旗あげ興行のメイン・イベントは、イノキとカール・ゴッチとの〝実力世界一決定戦〟。これはイノキにとって、従来こなしてきた試合と一線を画すこだわりをくっきりと表現する、いわば取っておきのカードで、コアなプロレス・ファンにとっては垂涎《すいぜん》の的とも言うべき硬質なシングルマッチの実現だった。

この試合はテレビ中継されなかったが、会場に足をはこんだファンやスポーツ紙の評価はきわめて高く、イノキがゴッチに敗れたこの一戦の結果を、プロレス・ファンはイノキの新しい船出のけしきとして清々しく受け止めたのではなかったか。

十月四日の再戦は、東京12チャンネルで放映され大いに評判を呼んだが、このときはイノキが勝利して〝実力世界一〟のベルトを腰に巻いた。つづく十月十日の三戦目ではふたたびゴッチが勝ち、イノキの一勝二敗となった。ただ、この三戦の結果は従来のベルト争奪戦のお定まりの結果と言うよりも、ゴッチの域には少し距離があるということか……というプロレスラーとしての伸びしろを感じさせるとともに、イノキ流〝過激なプロレス〟の求心的要素の一例を示す手応えとなった。カール・ゴッチは、カール・クラウザーの名で力道山時代に初来日しているが、そのクリーン・ファイトは力道山の〝怒り〟を引き出す役としてはあざやかなイメージを残していない。そのあまりにもショー的要素から遠い存在をあえて選んだのは、力道山のある側面へのイノキ流の絶縁の方向性の示し方だったのではなかろうか。

イノキ率いる新日本プロレス旗あげ興行は、考えてみればこの組合せしかなかったのであり、ゴッチ戦は、イノキ流の真髄から外すことのできぬ重要なネジを示す、力道山の成し得なかった、カール・ゴッチに別な角度から光を当てての売り出しをテーマとする試合でもあった。有力外国人レスラーの招聘《しょうへい》がままならぬ事情の中での苦肉の策でありながら、理想の実現というけはいもただよっていて、きわめてイノキらしい人生の虎口《ここう》からの脱出だったのである。

ただ、この路線の〝求心性〟を突きつめていけば、プロレスの遠心性を拒否するあまり求心的な技の応酬にばかり価値をおく、いささかせまい勝負論あるいは道場論に傾きすぎるきらいがあり、観客動員の拡大への危うさを感じさせるとともに、イノキ特有の試合の色気が乏しくなるのではなかろうかという不安をいだいたのもたしかで、この延長線上だけがイノキの描く未来図であるとも思えなかった。

だがここで、日本プロレスに在籍していた坂口征二の新日本プロレス入りを機に、NET（現テレビ朝日）による「ワールド・プロレスリング」の放映がスタートするという吉兆があらわれた。これでようやくイノキ流らしいプロレスの条件がととのったとはいえ、外人レスラーの窓口が閉ざされた状態が、依然として新日本プロレスの船出にからみついているのは事実だった。

そこで、〝実力世界一戦〟のシリアスな攻防でコアなファンをうならせたカール・ゴッチ戦の価値観と点線で繫がりながら、イノキは日本のファンに知られるレスラーでもなく、プロレスの総本山と称されたNWAに属する大物選手でもないレスラーを、自分の対戦相手にふさわしい存在に仕立て上げ磨きあげるという方法論を模索した。そしてまず、NWF世界ヘビー級チャンピオンの肩書きをもつジョニー・パワーズを招聘し、一九七三年十二月十日の東京体育館での試合で勝利し、プロレス業界において〝世界〟の名のつく初めてのベルトを腰に巻いた（のちにNWAの力によって〝世界〟の呼称を外される）。この試合後のリング上で、一章で述べた〝こんなプロレス〟発言が放たれたのである。これが、IWGPというイノキ色のもっとも強いベルトを創設する以前の新日本プロレスにとって、しばらくは虎の子の看板ベルトとなった。

だが、そのジョニー・パワーズとのタイトルマッチの一カ月前、イノキは一つの〝事件〟に遭遇していた。ふり返れば、興行プロモーター用のチャンピオンベルトを手にしたあと、陰気な風貌と8の字固めというえぐいけれど渋すぎる得意ワザをもつジョニー・パワーズをライバルとしつづけることにはすでに見切りをつけ、カール・ゴッチ、ルー・テーズ、ビル・ロビンソンなどとの求心的な勝負論や道場論を喚起する路線とは別に、プロレスらしい毒を発散する恰好の対戦相手の標的として、カナダやトリニダード・トバゴを主戦場とする、アメリカの檜舞台では無名に近いレスラーであるタイガー・ジェット・シンに目をつけていたのではなかろうか。

新日本プロレスの中堅レスラーとの試合で、二番手として来日したシンは度外れの狂暴性を発揮する試合を見せていた。インド系の象徴をあらわすターバンを巻き、鞘《さや》を払ったサーベルの柄を凶器としたその反則攻撃と、無精髭の似合う妙に端正な面立のイメージとのアンバランスによる、これまでにない危険度をあふれさせるその試合ぶりが、まずは茶の間のプロレス・ファンを震撼させていった。サーベルを口にくわえて大見得を切るタイガー・ジェット・シンは、たしかに悪役の千両役者の要素をはらんでいたものである。

そして、ジョニー・パワーズのNWF世界ヘビー級王座に挑戦する一カ月前となる十一月五日、新宿へ買い物に出たイノキと倍賞美津子夫妻に、伊勢丹前の路上でシンが襲いかかるという〝事件〟が起こり、これが「新宿ストリートマッチ」のタイトルで三面記事となった。

当時においても、この一件にはファンのあいだでプロレス的〝やらせ〟の噂が飛び交い、私自身もそんなふうに受け止めていた。ただ、今になって思えば、この〝やらせ〟にはかなり重層的な要素がからみついていると気づかされる。

まず第一に、伊勢丹前の路上においてシンに襲われた現場には、イノキだけでなく女優・倍賞美津子の存在があったこと。もしそこに倍賞美津子が居合わせなかったとするならば、シンが路上でイノキを襲ったというこの一件は、スポーツ紙のおいしいネタではあっても、一般紙の記事となり得てはいなかったのではなかったか。

今にして思えば、プロレスラーたるイノキの仕事に女優の倍賞美津子が一役買ったことになるのだ。そしてその協力者が倍賞美津子というステイタスをもつ女優ではなくて普通の〝妻〟であったならば、この一件は〝やらせ〟であれ〝偶然〟であれ、プロレスの内輪ではありがちなスキャンダルとして処理され、一般紙のサーチライトを刺激することはなかった。つまり、説得力のある女優・倍賞美津子の存在が、この一件をプロレスの内側にある〝虚〟の札の域から、一般紙の記事の中で〝実〟の札に裏返したのだった。

イノキは、一九七六年の六月二十六日に行なわれたアリ戦の半年後である十二月十二日、パキスタンのカラチで同国の英雄と謳われたアクラム・ペールワンの腕を折る試合をやってのけ、プロレスの枠を超えた試合と取沙汰されたが、その〝腕折り事件〟のおよそ十年後にあたる一九八五年に二度目のパキスタン遠征を果していて、そのとき私はさそわれてツアーに同行した。日本人レスラー、外国人レスラー、マスコミ、ツアー一行をふくめたおよそ七十余人の一行だったが、その中に美津子夫人が参加していた。各地で行なわれるパキスタン側主催の儀式にすでに国会議員となっていたイノキとともに出席する役割もあっただろうが、美津子夫人はそんな役割意識を超えて、自由奔放に刻々の場面を楽しんでいるようだった。

一行は、クエッタを皮切りに、カラチ、ラホール、イスラマバードでプロレス興行を展開し、各地での会場にはかなりの観客が集まったが、とくに首都であるイスラマバードの巨大な競技場には会場を埋めつくす人々が押しかけていた。

ただ、プロレスの試合にどのような反応を示してよいか分からず、会場をどちらかといえば整然たる空気がつつんでいた。プロレス・ファン的な感覚では、いまひとつ盛り上がりに欠ける雰囲気ということになるだろう。そんな中で、現地人の格闘家らしい男のアトラクション的な登場や、前座（といっても、現・獣神サンダー・ライガーの山田恵一選手などが登場する試合）がこなされてゆき、セミ・ファイナル前のリング整備のようなポカッと空いた休憩時間がおとずれた。

それまでその場の雰囲気にときおり不満げな表情を見せていた美津子夫人が、やおら席から立ち上がって兵士によって警備されるアリーナの土の上に立ち、その目の向こうにある観客席に向かって両手を上げて手拍子をさそい、ダンスのようなうごきで盛り上がりをうながした。すると、それまでじっとリング上を見守るだけだった観客の中の何人かが、彼女のさそいに応じて手拍子をし体を左右にうごかしはじめた。やがてそのうごきは、しだいに輪を広げてゆき、巨大な手拍子となって会場全体をつつみかけた。観客は、のりの気分をあらわしはじめたのだった。

すると、何人かの兵士があわてて観客の手拍子とのりのうごきを制し、丁重に美津子夫人をなだめるようにして席へ誘導した。美津子夫人は、「え、これって駄目なの？」といった表情で、舌をペロリと出して首をちぢめて見せ、素直に席へ戻ってきた。

さすが……と、私は内心うなっていた。観客席に集まった人々は、兵士による統制にしたがって試合を見るよう暗示されている観客であって、〝個〟というよりはむしろ規制された〝マス〟であった。彼らは、突如出現した日本人の美女のそそのかしによって、つい〝個〟の貌《かお》をあらわしてしまったが、兵士にたしなめられて素直に〝マス〟の表情に戻った……ほんの短い時間でのただそれだけの出来事だったが、私はかつてダンサーであった女優・倍賞美津子の観客へのアピール力の効き目に、つくづく舌を巻いたものだった。このシーンをイノキが目撃していたか否かは定かでなく、たしかめたこともないが、〝マス〟を〝個〟に変えるイノキ流に通じる美津子夫人のセンスだった。

それはさておき、「新宿ストリートマッチ」のさい、イノキが警察を呼んだ件について、「イノキは間違っている。ケイサツだけは呼んではならなかった」というシンのコメントを、私は拙著『ファイター』の中で、あくまで警察を信じることなく、警察とは対立すべきであるというプロレスラーとしての指摘として、大いに評価している。だが、時空を超えて顕微鏡の中の〝新宿伊勢丹前〟をのぞいてみるならば、イノキのシナリオを成就させるのは、シンの過剰な狂暴性の路上へのエスカレート、女優・倍賞美津子の一役、ケイサツの出動、マスコミ一般紙の三面記事への露出……これらの要素が重層的にかさなり合っていなければ不可能だったのである。

そこまでのエスカレートで成り立ったからこそ、翌年のシリーズにおいて、イノキが〝怒り〟のアームブリーカーでシンの腕を折るというシーンへの布石となったということだろう。このように、〝世間〟を巻き込んでまでリング上のシーンを描く発想と覚悟が、イノキにはあってシンにはなかったということであるのかもしれない。その一線を超える覚悟が、〝私〟の怒りを観客の怒りに転化させてゆくイノキ流の毒を開花させたのである。

倍賞美津子との結婚によって〝世間〟の話題になったからといって、単に著名人の仲間入りをしたつつましさに変貌したりすれば、プロレスラーとして〝過激なプロレス〟の幕を次々と開けてゆくはずの自らの方向性と矛盾してしまう……イノキは、そのように舵《かじ》を切ったのではなかろうか。一般社会の常識を突き破って、〝世間〟を刺激し、その返礼としての集中砲火を浴びて初めて、そのプロレスが〝世間〟の本音をおびき出す。これが、力道山を反面教師と見立てたイノキ流の〝逆説〟であった。そして、これもまた力道山の重大な遺産だったのである。

力道山亡きあとは、〝世間〟を刺激することなく、プロレスという領域内における虚構を演じるスタイルによって、力道山が残したプロレスというジャンルの余命はつながれていった。これらは、〝世間〟を刺激すれば痛い目に遭うという、力道山の教訓の一方を受け止めた跡の継ぎ方だった。〝世間〟の規を守ったプロレスのありようとも言えるだろう。だが、その規を破れば〝世間〟が牙を剝く……ゆえに牙を剝かせて〝世間〟の集中砲火というハイライトを浴びる道へと、本能的にみちびかれていったのが、力道山の弟子たるイノキの方向性だったのである。

こうやって、イノキ対カール・ゴッチのシングル・マッチという、プロレス・ファン垂涎の的であったカードの求心力で旗揚げした新日本プロレスは、無名だったタイガー・ジェット・シンに狂暴な悪役としての説得力をもたせてプロレスの遠心力をも常識外に拡大させ、〝世間〟との対決と折り合いを共存させせるかのごときスタイルを導入して、劇的に回転しはじめた。

いずれかの時期においてゴッチとの再戦が果されるであろうとの予感。ルー・テーズ戦、ビル・ロビンソン戦などへの期待といった、プロレスラーとしての実力を示すべき対戦相手との技と技の勝負論にこだわる方向性。タイガー・ジェット・シンに火をつけることによって自らの体の底に沈んでいた〝怒り〟の因子にも火をつけたイノキの新しい色が、強くしかも激しく連鎖してゆくエスカレーションを生みつづける方向性。さらに、日本のプロレス・ファンへのアンドレ・ザ・ジャイアントの本格的披露による、力道山時代にもイメージされた日本人による〝怪物退治〟的イメージの踏襲や、「力道山対木村政彦戦以来」と取沙汰された、国際プロレスのエースであったストロング小林との〝大物日本人レスラー同士の初対決〟などの物語性。……倍賞美津子との遭遇を機に、ダイナミックな展開を見せはじめたプロレスラーとして絶頂期のイノキの路線からは、力道山プロレスへの郷愁とそこからの脱出の香りが、ムード満点に立ちのぼってくるようだった。

そんな矢先、イノキはまったく想像もしなかった方向から、ひとつの小さな情報をもたらされた。そしてその小さな情報が、そこからのイノキを強烈に突き動かしていったのだった。イノキは、生い立ちいらいずっと他者によって敷かれていた道筋から、自分らしい〝筋道〟へと、足を踏み出したのである。

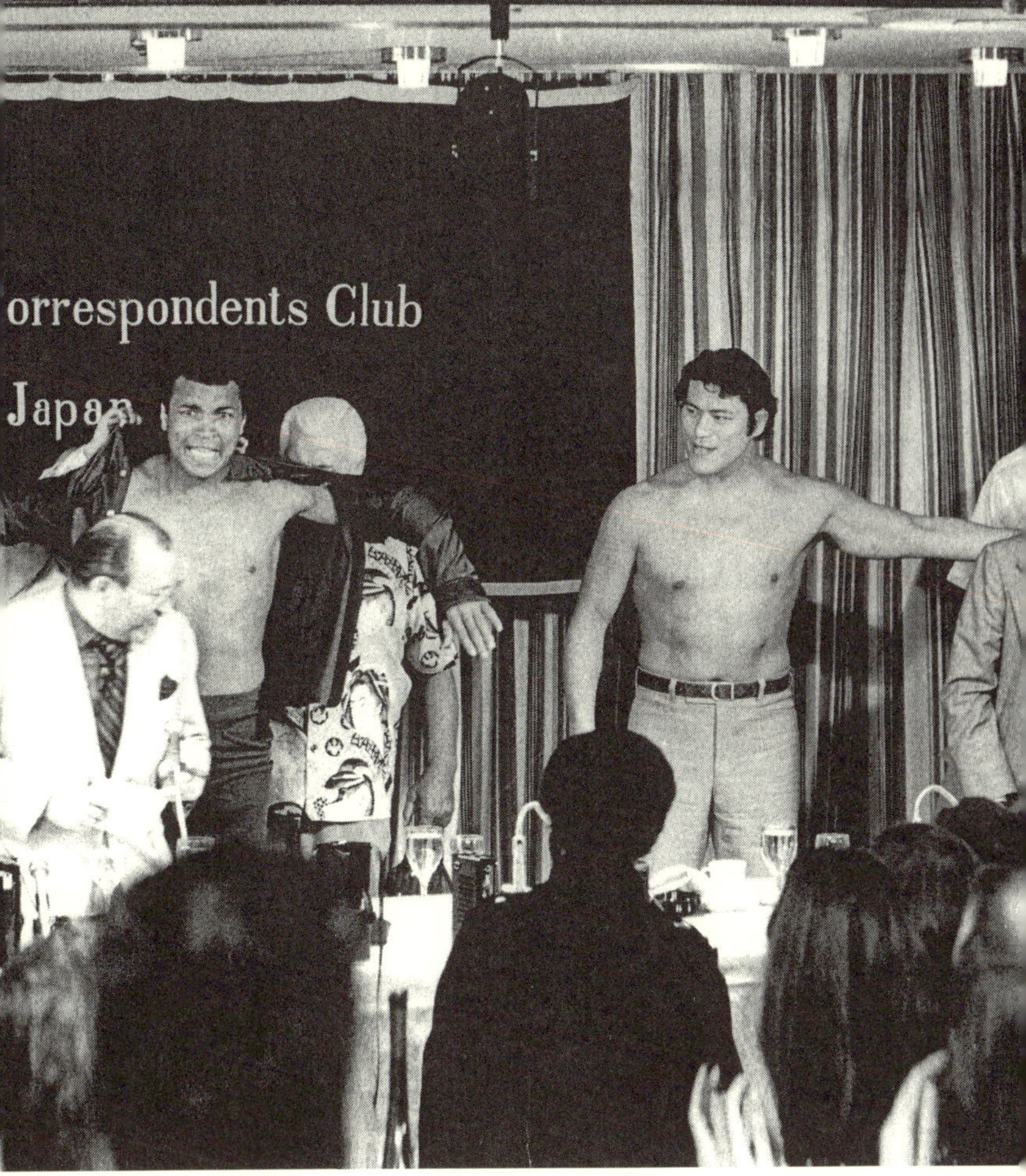


外国人記者クラブで行われた
モハメド・アリと
アントニオ猪木の記者会見
1976年（共同通信社提供）

# 第5章
# 未知との遭遇への牛歩

## 1 「イノキ？ Who？」

イノキ対アリ戦の具体的なステップが、事実としてスタートしたのは、一九七五年（昭和五十）四月二十二日の「サンケイスポーツ」紙に、「東洋人で俺と闘うヤツはいないか。百万ドルを用意する」というアリの発言が、当時、参議院議員でもあった日本アマレス協会の八田一朗会長の談話として掲載されたときからスタートしたというのが、どうやらイノキ対アリ戦をたどり直すときの定評であるらしい。

そこで、「サンケイスポーツ」の記事を探してみたのだが、四月二十二日にはその記事が見当たらず、その約四十日前である一九七五年三月七日の同じ「サンケイスポーツ」紙に、源はここではなかったかと思える記事が掲載されているのを発見した。

その記事は、アリがカシアス・クレイからモハメド・アリに改名して十一年以上の歳月をへているにもかかわらず、当然のごとく「プロボクシング世界ヘビー級チャンピオンのカシアス・クレイ（モハメド・アリ）」と表記している。これは、この時期にいたっても、アリの〝差別〟への血のにじむような抵抗と挑発あるいは犠牲となった時間が、極東のスポーツジャーナリズムにまではとどいていなかった証左とも言えるだろう。何しろタイトルが「クレイ日本人に挑戦状」なのである。その意味ではアリもまた日本にあっては、黒人運動や反戦姿勢などに関心をもたれず、〝たかがボクシングのチャンピオン〟として、スポーツジャーナリズムからも上から目線を浴びていたということになるのではなかろうか。

八田氏が、どんな機会にアリと接したのかについても、「知人がニューヨークにオープンしたレストランのオープニング会場で、アリを紹介された」といった説もあったが、この「サンケイスポーツ」の記事では、

昨年十月ジョージ・フォアマンを破ったクレイ、この二十四日にはチャック・ウェプナーとの初防衛戦を行なうことになっている。たまたまこの調印式に同席したのが八田会長。つかつかと八田会長に歩み寄ってクレイ、何をいい出すのかと思えば、これが「勝てば三億円、負けても三千万円」というとてつもない話。

さらに「日本の有望選手をオレの手で育てる」とまで約束したのだから八田会長もびっくり。「オレは口にしたことは必ず実行する男。ぜひいい選手を紹介してほしい」とたのまれた。

フォアマン時のファイトマネー十五億円をはじめ、昨年クレイが稼いだのは十七億円。最近では「オレはこんなに簡単にカネが入ることには罪悪感さえ持っている。これからの稼ぎはすべて有色人種のために寄附する」と公言。今回の〝提案〟もそのひ

とつである。

この記事の中には、その席上で紹介された八田氏を国会議員でもある日本レスリング界の重鎮だと知ったアリが、〝自分の対戦相手もしくは育てればライバルになり得る将来性のある東洋人ボクサー〟を紹介するよう依頼した上で、「東洋人でオレに挑戦する者はいないか。ボクサーでもレスラーでも空手家でも誰でもいい。百万ドルの賞金を用意する」という発言をした……という記述もある。

〝チャック・ウェプナー戦の調印式〟よりも〝ニューヨークの知人のレストランのオープニングパーティ〟の方に信憑性がありそうな気もするが、記事の大まかな内容にさしたる差はなさそうだ。しかし双方ともに、日本人である八田氏への〝アリらしいリップサービス〟あるいは〝クレイらしいホラ話〟というニュアンスが感じられるのだ。

発端の場面についてのあれこれはともかく、八田氏の言葉が日本の「サンケイスポーツ」紙の記者に伝えられ、それが同紙の記事となったあとの、さまざまな反応が面白い。意外……というより今回初めて知ったのが、この記事に反応した存在の中心に、アントニオ猪木だけでなく、同じプロレスラーのジャイアント馬場も同列に入っていることだった。

「三億円？　もし本当ならオレがやってやる」というのは、あのジャイアント馬場。アントニオ猪木との〝決戦〟にはなぜか煮えきらない馬場さんも、これには興味を示す。

「グローブをつけてもかまいませんよ。場所は日本でも米国でも……」

これが猪木となるとさらにエスカレート。「三億円なんていらないよ。クレイが〝世界で一番強い〟っていってるそうじゃないか。冗談じゃないよ。あんな手袋をつけて何が世界一だ。素手でやろうじゃないか、素手で。もちろん勝つさ。三億円？在留邦人に寄附するさ」

「サンケイスポーツ」の記事には、このコメントの紹介とともに、ジャイアント馬場とアントニオ猪木の、妙に生真面目な顔写真が添えられている。他にも、マックス・ボクシング・クラブの溝口宗男会長が、その頃ハワイのサム一ノ瀬氏にあずけてあった弟子の斉藤明の名を、そして金子繁治会長（金子ボクシングジム）は、日本で初めてヘビー級のC級ライセンスをとったという長岡俊彦（のちに、アリ戦を前にしたイノキのスパーリング・パートナーをつとめている）の名をあげて、アリの言葉に歓迎の姿勢を示しているが、何と言ってもジャイアント馬場とアントニオ猪木という二人のプロレスラーがクローズアップされているイメージの強い記事に仕立てあげられている。当時、一般のスポーツ・ファンには、日本人のヘビー級ボクサーなど考えられぬというのが通念としてあり、それよりも、体格のちがう日本を代表するプロレスラーを強調している感があるのだ。

ただ、資料探索というのは面白いもので、この記事にはアリ独特のリップサービスのフィクション性を承知の上で、おやおやこんな話が……といったやや滑稽感をただよわせるムードがあり、そこに「アリ」ではなく「クレイ」と記すセンスがフィットしていた。それに、ジャイアント馬場やアントニオ猪木の発言が、きわめてプロレスラーらしいセリフに仕立てあげられている印象も伝わってくる。

大きく使われている写真は、一九七四年十月三十日の「キンシャサの奇跡」と呼ばれたジョージ・フォアマンとの試合の最後のシーン。そこには、倒れて頭だけを少し浮かせる敗者フォアマンを、両腕をだらりと下げて右の膝だけをかすかに上げ、得意のステップを踏む直前のようなかたちをとったアリが、獲物を狙うケモノのような鋭い眼差しで見おろしている姿が写っている。そして、その写真には、横書きされた「たとえこうなっても3000万円。どうですか?」とおちゃらけるようなキャプションが添えられている。つまり、フォアマンのような目に遭っても三千万円入るのですから、何でしたらご希望の格闘家はぜひおやりになってみたら?という、このニュース自体を揶揄するゴシップ的ニュアンスがあるのだ。

ともかく、この〝発端〟とも言える記事からは、その先に何かが起ることへの期待などまったく汲み取ることができず、それが、当然のように〝ホラ吹き〟を連想させる「クレイ」と書かれた呼称からも伝わってくる。そして、これが当時の、そんなこと実現するはずはない……という一般的センスと呼応しているのもあきらかなのだ。さらに言うならば、私自身もその一般的センスを持ち合わせる者の中の一人にちがいなかったのである。

ベースボール・マガジン社発行の「アントニオ猪木vsモハメド・アリ四十周年記念特別号」と題された『猪木vsアリ40周年　異種格闘技戦の記憶』には、そもそもこんな幻のような発端から、イノキ対アリ戦の実現にいたる刻一刻の過程を追う記述が、誠実におさめられている。

この特別号の記事の中の「ドキュメント　1976・6・26猪木vsアリという奇跡」と題された、試合までの経緯のたどり直しは、私の記憶の穴を精密に埋めてくれる効果があり、刻々の記述からは、いくつかの連想するシーンをよみがえらせてもらった。

このドキュメントでは、試合にかかわった、イノキ自身をはじめとする証言者の発言が、記事の構成にとって重要な裏打ちの効果を随所で生じさせているのだが、ここではあえて、事実経過のみを追ってみたいと思う。特別号の記述に沿って時のながれを追いつつ、私なりの要約と記事の引用をさせていただくことを、編集部におゆるしねがいたい。

この記事に報じられたアリの言葉に、リップサービスであることさえ承知の上で、現実に発言したのだから責任を取れ……と迫る挑発を次のステップとして現実の行動として示したのは、イノキのみだった。新日本プロレスの内情や業界でのしのぎ合いという背景はもちろんあったにちがいないが、アリの発言からプロレスへの軽視・蔑視を嗅ぎ取って、イノキの体の中に燃える熱が鋭く反応して発火し、〝虚〟の札を〝実〟の札へと強引に裏返す一発勝負に打って出たということではなかっただろうか。つまり、この時点でイノキは、試合の内容についての細かい事柄よりもまず、アリとの闘いにさいしての対立軸を本能的に嗅ぎ取っていたのではなかろうか。そしてイノキの〝前史〟としての力道山時代から背負ってきた〝プロレスへの蔑視〟に対する宿命的な戦いの起死回生の構図を、自ら担おうとしていたにちがいないのである。

ただ、巨大な山を動かすのはそう簡単ではなかった。紙の一点に、ともかく墨をふくんだ筆を下ろした……あとは一気呵成に筆をはこぶ以外にない。イノキと新日本プロレスは、二度にわたって書面での挑戦状を送りつけたのだが、やはりアリまではとどかない。そんな重苦しい空気をはらみつつ、イノキが新日本プロレスのリングに上がる日々がつづいていった。

そして、「サンケイスポーツ」紙の三月七日の記事から三カ月がたった一九七五年六月九日、七月一日にマレーシアで行なわれるヘビー級世界三位のジョー・バグナーとの試合にのぞむためのトランジットで、アリが東京国際空港（羽田）に降り立った。

アリは、そのトランジットの時間の中で記者会見をひらき、日本の報道陣の取材にも応じた。この記者会見の目的はジョー・バグナー戦を盛り上げることであったにちがいなかった。

だが、その席には、イノキの命を受けて挑戦状をたずさえた、新日本プロレスの渉外担当者が報道陣の中に混じっていた。彼は、質疑応答のさなかで手を挙げ、イノキからアリへの挑戦状を唐突に読み上げた。かたちとしては記者会見場へのプロレス的な〃乱入〃で、おそらくそこに出席していたスポーツ・ジャーナリズムの取材陣のほとんどが鼻白んだことだろう。だが、アリはこのハプニングに体内に沈む古流のプロレス的感覚が刺激されたのではなかったか。その挑戦状を読むアリの苦々しい写真が残っているが、ここからはいかにも彼好みのプロレス的悪役《ヒール》の役づくりでの、乗っている気分が伝わってくるのだ。

「イノキ？　Ｗｈｏ？」

が、アリの発した最初の言葉だったようだ。


そのあとアリは、「オレに挑戦するっていうのか？　クアラルンプールの試合が終ったあと、その選手とやろう。そのために必ず来日する」「俺を十分で倒すことができるって？　俺なら五分でぶっ倒してやる」「イノキは三十二歳か。俺は三十三歳だ。面白い試合になるかもしれないな。この試合に関して、俺にマネージャーは要らない。俺ひとりでやる。イノキには俺が挑戦を受けたことを忘れないように言っておいてくれ」「日本で俺がプロレスラーになってやる」「フレージャーから挑戦があるが、イノキの方を優先してやる」……等々の挑発的な、連射砲のようなコメントを発し、翌十日早朝、クアラルンプールへと飛び立っていった。

アリとジョー・バグナーとは、一九七三年二月十四日に、ラスベガス・コンベンション・センターでもタイトルを賭けた試合を行ない、アリが三対〇の判定勝ちをおさめている。この英国人ボクサーの才能を、アリは認めていたといい、クアラルンプールでの再戦も、苦戦が予想されていたという。そして結果は、ふたたびアリの三対〇による判定勝ちだった。

さて、東京の記者会見でのアリの舌鋒からは、イノキの挑戦を真正面から受け止める姿勢というより、やはり特有のリップサービス感が伝わってくる。だが、こうやって現実のシーンでイノキ側とアリがまず接触した一事で、イノキ側は、果しない闇の向こうにおぼろげながら一点の光のけはいが見えたという感触を得たにちがいない。

アリが日本に降り立った六月九日、新日本プロレスの北海道・釧路大会に出場していたイノキは「アリが挑戦を受けるって？　それはいい。さすがボクシングの世界チャンピオンだ。いい度胸をしている。相手にとって不足はない。面白い闘いになるよ」とさっそく反応したという。そして七月十二日に都内であらためて記者会見を開き、「アリは勝者に百万ドルを提供しようと申し出ているが、こちらは九百万ドルを積み上げ、あわせて一千万ドルを提供する。勝者配分方式でやろう」と、矢継ぎ早の布石のように申し出たのだった。ともかく〝実〟の札をつみかさねるしかない……そんなイノキの思いが伝わってくるようだ。

現在の貨幣価値に換算すれば、一千万ドルは約九十～百億円という数字になるようだが、アリの発言の一カ月後のイノキの会見は、アリのリップサービスたる言葉であったとしても、これに実現への一縷《いちる》の望みを託そうという、一方的な本気度があらわれている。

金額についてのイノキ陣営の目算はつかめないが、ともかくイノキは〝虚〟の札から〝実〟の札への切りかえに取りかかったのだった。目標の山は、まだはるか後方にあいまいな輪郭をもってかすんでいた。当時は、アリは行く先々で、現地の格闘家から挑戦状を叩きつけられていた。それ自体がアリという存在の価値の証明であったが、ここからはイノキの挑戦状がそれらとは別物であるという現実的交渉が必要となってくる。

だが、アリは羽田での会見時の、「イノキの挑戦を受けてやる」という発言を、このあと早々にひるがえしている。その理由は、「日本人とは闘わない。なぜなら、彼らも俺と同じ有色人種だ。言ってみれば仲間だろう」であったが、そんな右顧左眄《うこさべん》はアリの得意芸だった。だが、アリの冗句をのっぴきならぬ現実にもっていこうというのが、〝世間〟からは突飛とも感じられるイノキ側の目論みだった。ただ、アリにとっては、相手との対立軸を設定しにくい試合だという感覚もあったことだろう。

何しろ、アリが強者、イノキは弱者という大前提が、アリ側および〝世間〟の常識的価値観なのだ。その壁を、プロレスラーという弱者の立場から打ち破るなど想像もできぬというのが、当時のイノキ陣営は、この不可能とも言える詰め将棋をあきらめなかった。

それでもイノキ陣営は、この不可能とも言える詰め将棋をあきらめなかった。

アリ側としては、試合の実現にさいしていくつものマイナス条件があった。当時はまだ社会的地位の低いプロレスラーとの対戦というデメリット、まして〝小さな島国の東洋人〟など相手にできない。ギャラの支払いに関してもイノキ側に信用が置けない……等々さまざまな理由を割り出したのか、アリ側はイノキをまるで相手にしていないという、本来の態度にもどってしまった。また当時の日本メディアも〝イノキのアリへの挑戦状〟に関して、当初から懐疑的な目を向けており、「しょせん売名行為」と書く媒体もあったほどだった。試合の実現性の説得力において、イノキ側はやはり追い込まれざるを得なかった。

それでもイノキ側はあらゆるルートからアリと接触、イノキvsアリの実現に向け、交渉を図ろうとした。そして、アメリカおよびヨーロッパのスポーツ専門誌をはじめとした現地メディアにアリ戦への主張、アリへの挑発を送りつけ、外堀を埋めようとする工作をつづけていった。

しかし、本筋はやはり水面下での交渉であり、それが現実の事柄として浮上するのはなかなかむずかしかった。アリ陣営のイノキに対するスタンスには、あきらかにアメリカにおけるプロレスラーという存在を大前提としての見方が投影されていたことだろう。これは、ゴージャス・ジョージのリング上での〝囀《さえず》り〟にヒントを得て、その後にさまざまなパフォーマンスを繰り出してきたアリ自身にも共通する、プロレス＝ショー・ビジネスという視線ともかさなっていたにちがいなかった。アリ自身にとっては、そのショー・ビジネスたるプロレスはスポーツより上か下かというよりも、スポーツとは別物という感覚で馴染んでいたフェイクたる闘いの世界であったにちがいない。

アリには、プロレスラーと一戦を交えることへの遊び心がないとは言えなかったが、アリ陣営にとってはそんな遊び心をみとめるわけにいかない。アリとアリ陣営にも、そんな微妙な温度差があったとは考えられる。

アリ陣営は、ビジネスと考えた場合の対イノキ戦のメリットをあれこれ算出するのだが、日本のプロレス史の中でのイノキの特殊性を見出すところまで、その追求が及ぶとはとうてい考えられなかった。アリ陣営にとってイノキは、あいかわらず極東の一介のプロレスラーに過ぎないのだ。

ヨーロッパなどのスポーツ専門誌をはじめとした現地メディアに、日本のプロレス事情が正確に把握されているはずもなく、イノキはやはり常識の範囲内でのプロレスラー像の中に組み入れられてその価値観を測られることになる。この視線の中では、やはりイノキがアリの対戦相手の条件を持ち合わせるイメージは、とうてい見えてこないのである。

ところが、一九七六年二月二十六日、アメリカの大手通信社であるAP通信が「イノキvsアリが六月に東京で実現する。主催はNETテレビ。ギャラは四百万ドル（約十二億円）」と報じた。

AP通信は、二月二十三日付でアリが年内引退の意向をもらしていると報道しており、その記事の中では、残り少ない対戦相手の候補として「ボクサーでない人間」がいるとも報じていた。その三日後に、〃六月〃〃ギャラは四百万ドル〃と具体性をもつ報道がなされたのだから、イノキ陣営が手応えを感じるのは当然のことだった。ここまでこぎつけたのは、果しない闇の向こうに見えるおぼろげな光のけはいを信じて、水面下の交渉を途切らせなかった、イノキ陣営の努力の結果であっただろう。

その前年の秋ごろから、イノキ陣営とアリ陣営との水面下でのいくつかの具体的な交渉がつづいていて、その中にはアリが複数かかえる代理人の一人である、リンカーン・ナショナル・プロダクション社のドナルド・ホームズの名もあり、彼の方からイノキ対アリ戦の実現に向けたコンタクトがあったという。

これを受け、イノキ陣営は一九七五年十二月に渡米し、ロサンゼルスでドナルド・ホームズを交えた会談を秘密裡に行なった。さらに一九七六年の二月十六日には、ドナルド・ホームズおよびアリ側の顧問弁護士がこれまた隠密裡に来日し、東京帝国ホテルで交渉のテーブルにつき、ギャラやルール等詳細に関しての調整はまとまらなかったものの、試合実現に向けた内契約書を交わしていた。

これはもちろんまだ水面下のせめぎ合いということであり、表面化して記事になることはなかったが、このような事実の積み重ねを、執拗にかさねたあげくに、二月二十六日のAP通信の報じる記事が出たのだった。この記事はもちろん、一般のマスコミにとっては、青天《せいてん》の霹靂《へきれき》であったにちがいない。

アリ陣営がそのようなうごきを見せはじめたのは、もちろんアリ自身の気持がイノキ戦に傾いていたゆえではなかったか。となると、そのアリの気持の変化は、なにゆえのことなのか。これについては、いくつかの仮説が浮かんでくる。

当時、アリが自分自身の引退問題について真剣に考えるようになっていて、残された時間の中でのメリットある対戦相手を模索しはじめていた……その構想の視野の中での、ボクサーでない人間との闘いもあり得るというアリのセンスは考えられる。そこからイノキとの対戦が浮かんでいたという説もその一つだ。

ただ、やはりアリのプロレスラーへの固定観念と、アメリカにおけるプロレスの実情を考えれば、アリ陣営にとってのイノキ戦は当然、アリがプロレスをする……という方向性になってくる。そんなアリの目が、アメリカを代表するようなプロレスのチャンピオンというのでなく、極東にある島国のプロレスラーたるイノキに注がれるヒントが、一九七六年の二月六日に行なわれたアントニオ猪木対ウィルエム・ルスカの〝異種格闘技戦〟にあるという見方もできるのではなかろうか。

## 2　イノキ対ルスカ戦の効果力

一九七二年のミュンヘン・オリンピックで柔道の金メダルを獲得したルスカには、それ以前のオランダ柔道界の〝伝説の人〟であるアントン・ヘーシンクに強引に対戦を迫るものの避けられつづけているという〝噂〟があることを、私は何かで読んだことがあった。実際、柔道におけるルスカの図抜けた実力には定評があり、柔道史上の第一人者といった評価が与えられていたのもたしかだ。ヘーシンクの穏やかな風貌と対照的な、〝赤鬼〟と呼ばれるその強面《こわもて》の表情には、格闘家としての自信がみなぎっているようだった。

そのルスカが、巡業中のイノキをおとずれて〝挑戦状〟をわたしたという記事がスポーツ紙の一面に躍ったのを見たとき、せっかくアリ戦への慎重な交渉をしているイノキに、横やりを入れるなと思ったものだった。だが一方で、私はイノキ対アリ戦の実現性についてそれほどの信憑性を感じていなかったというのが、正直なところだった。イノキのプロレスラーとしての特殊性がアリにとどくなどということを、ほとんど信じていなかったのだ。ボクシングの世界へビー級チャンピオンの、しかもモハメド・アリという特別な存在との距離は、並大抵のことでは縮まらぬという思いの中に私自身もあったのである。

それはともかく、イノキのアリへの挑戦表明を知ったルスカが、そのイノキに的を定めて〃挑戦状〃をわたすという行為は、分かる気がする。並み居るプロレスラーの中でターゲットをイノキに絞ったのは、アリへの挑戦を公然と表明しているイノキの〃バリュー〃に狙いを定めて首を取るという目算だったのだろう。ただ、幻の目標とも言えるアリ戦に対して刻々の態度を示しつづけたイノキの慎重な姿勢にくらべて、あきらかにいわゆるプロレス的な色を、私はルスカのしたたかな風貌にかさねていた。

しかし、このルスカのうごきは、どこかイノキ的な見切り発車のスタイルでもあり、やはり、自らの強さに自信のある者による、イチかバチかの行動にはちがいないと思った。

いささかプロレス馴れしすぎた今の私がふり返れば、巡業中のイノキの前にあらわれて〃挑戦状〃をわたしたとき、すでにイノキ対ルスカ戦の日時が決まりその試合にふさわしい会場もおさえられていたにちがいない……などと想像してしまう。これはプロレス・ファンたる私の、常連的な気安さによるプロレス内〃世間性〃による発想というべきものでもあるが、それでも試合が凄ければ納得する受け皿を持っているという、プロレス者《もの》の自負があるのもたしかなのだ。

ミュンヘン・オリンピックにおいて柔道二階級制覇の金メダリスト……この確乎《かっこ》たる価値は、アリ陣営の価値観とかさなるところだろう。そのルスカと自分に挑戦状を送りつけているイノキの試合は、アリとアリ陣営にとってイノキの値打ちを測るリトマス試験紙となったのではなかろうか。試合がフェイクの額縁の中でのものであっても、イノキはもちろんその勝者でなければならないが、そのマッチメイク自体がアリ陣営にとってイノキの価値ともなったはずだ。そして、ルスカ戦がイノキ陣営の仕掛けであったとするならば、イノキ対アリ戦という目標に向けての、身銭を切ったしたたかな企みとも言えるのだ。

そして、アントニオ猪木とウィルエム・ルスカの試合は、私にとって十分に見応えのある、それまでのイノキ流と一線を画する、カール・ゴッチを軸に推進する〝ストロング・スタイル〟の域をはみ出した、〝異種格闘技戦〟と銘打つにふさわしい刺激的内容をはらむ試合だった。何よりも、オリンピックにおいて二階級制覇をした金メダリストのルスカという価値を、プロレスのリングの上で仕止めて見せたという事実のアピール力が重要だった。この成果は、あきらかにアリ戦に向けてのくっきりとしたワンステップとなったはずである。

これをアリがどのように観察したかはつかめぬが、並みのプロレスラーとはあきらかに別物の、プロレスの表面張力を極限まで張りつめた試合であることは伝わったのではなかろうか。ひとつの試合でアリの考えが変わるというのは甘いだろうが、あの試合を目にしたことによって、アリはついに比類ないイノキのプロレスの片鱗《へんりん》を体感してしまったことになったのではなかったか。どうせ〝フェイク〟という見方のみにしばられた日本のジャーナリズムとはまったく別の、イノキの芯にある価値をアリならば見抜いたはずだ。もっともそれは、そのイノキとプロレス試合をやってみようという根拠であって、イノキとの真剣勝負をそそられたという意味では、もちろんない。それに、ルスカのオリンピック金メダリストというバリューが、アリ陣営に対してイノキへの視座を変える大いなる影響を与えたのかもしれず、アリ陣営とイノキ陣営の交渉のステップとかさねて見ても、そのあたりから事態がうごいていったのはたしかだった。

当時、アメリカでその名を知られた悪名高い名物プロモーターで、のちにマイク・タイソンを手がけた、ドン・キングのドン・キングが、アリの複数の有力マネージャーの中でもっとも力を持つと言われていた。アリの周辺には、かつてのマルコムXをはじめいわくつきの個性的人物が多く、ジョージ・フォアマン戦のさいにアリと関わっていたドン・キングもその一人で、この胡散臭い男相手ではイノキ陣営が翻弄されやすいと想像できる。

だが、イノキ陣営との交渉の窓口となったのは、ドン・キングの対抗馬的な存在であったリンカーン・ナショナル・プロダクションのドナルド・ホームズだった。これで、風向きが少しこちらへなびいてきたというのがイノキ陣営の受け取り方のようだった。とはいえ、ドナルド・ホームズとても海千山千の世界的プロモーターであるにはちがいなく、イノキ陣営のあいかわらずの苦闘に変わりはなかった。

まずは、エキジビジョン・マッチというアリ側の感覚と、駆け引きなしの真剣勝負というイノキ側の主張の溝を埋めるのは容易でなく、何よりアリ側の構想する金銭的なスケールがケタ外れだった。

力道山が切りひらいた日本のプロレスを引き継ぐ役を担ったイノキは、力道山から脱皮してイノキ特有のプロレスをつくり上げてゆく途次にあり、ＷＢＡ・ＷＢＣ統一ボクシング世界チャンピオンのモハメド・アリとの〝真剣勝負〟こそ望むところであり、アリとプロレス試合をしているヒマなどはない季節だった……というのが私なりにたどり直しての見定めだ。そして、この言い方はもちろん〝世間〟的価値観からは一笑に付されるだけのことなのだが。

ＡＰ通信の報道ではアリのギャラは「四百万ドル」だったが、アリ側が要求してきた根拠のひとつは、イノキが以前口ばしった「一千万ドル」（約三十億円）だった。これは、日本のプロスポーツ界においても前代未聞の額なのだが、アリへの挑戦に気が入ったイノキがその〝一千万ドル〟を言い放った大言壮語が、無視しつづけようとするアリをとりあえずふり向かせた源にあるのだから、これはイノキの捨て身発言の成果でもあった。

イノキ側が譲歩して六百万ドルを提案したが、何度テーブルについても、両者のあいだの四百万ドルの溝は埋まることなく、交渉は平行線をたどった。その間、アリ側はドナルド・ホームズ、アリの弁護士、アメリカ興行会社代表のボブ・アラムなどの人物が入れ替わり立ち替わりさまざまな役割で水面下の交渉を担い、イノキ陣営はいわば徒手空拳でそこに立ち向かっていった。その経緯もまた、『猪木vsアリ40周年　異種格闘技戦の記憶』の中の「ドキュメント1976・6・26」では詳細に追われているが、ここではそのあたりにあまり深入りはせず、イノキが何の接点もなく彼方にまたたく幻の星であるアリとの対戦に向かう、〝虚〟の札をつかんで〝実〟の札に裏返すための、とてつもない額の金策や気の遠くなるような具体的なせめぎ合いがあったということを踏まえるにとどめ、さらに時を追ってゆきたい。

そんな、ただぬかるみを進むかのごとき交渉の中で、ボブ・アラムからクローズド・サーキット（有料上映）の収益によって、アリのギャラの半分にあたる三百万ドルを賄《まかな》うというプランが提案された。

そして、一九七六年三月二十五日午前十時過ぎ、その前日から当日の午前まで暗礁《あんしょう》に乗り上げかけていた交渉がようやくまとまり、ついにアリ・イノキの両者による調印式が行なわれることになった。誰もが不可能と思っていたイノキ対アリ戦が、一九七六年六月二十六日に東京の日本武道館で行なわれることが正式決定したのだった。点と点が……しかも幻の点と点が、実線として繋がったのである。

だが、この調印式場から、イノキ陣営とアリ陣営の真のせめぎ合いが始まったといってもよかった。紋付き羽織袴姿で調印式にのぞんだイノキは、とりあえずの安堵ゆえか自信ゆえか生来の達観居士ゆえか、多くを語らず余裕をただよわせる表情を浮かべていた。

一方のアリは、その場を演劇の舞台と化すようなサービスぶりで、「イノキなんて一発でKOしてやる」「アゴの長いペリカン野郎、俺の左でそのアゴを一発で砕いてやる」などリップサービスぶくみの挑発を向けつづけ、それでも不敵な笑みを浮かべるイノキの様子を見ると、「俺が勝ったら、お前のよこにいる美しいワイフをもらうぞ」と、同行した倍賞美津子夫人を巻き込むパフォーマンスを見せた。

これに反応してイノキがスクッと立ち上がると、アリは上着を投げ捨て、「カマン！そのアゴを叩き割ってやる」とジャブを放つポーズを見せ、イノキはこれをクールに手で受けながした。

アリは、調印式のフォトセッションの際、何度もイノキに組みつく動作を見せ、それはイノキの体つき、筋肉の張りぐあいを自らの手で感じ取るかのような手つきでもあったという。この場面は何度も映像で見たが、アリのプロレスラーもどきのパフォーマンスを、本物のプロレスラーたるイノキがかるくあしらっているという雰囲気である。

私は、この調印式で両者が対峙する場面の映像を見て、イノキへの対立構造を見つけ出そうと懸命なアリの表情から、いささかの焦りが伝わってくるのを感じた。また、アリが自分の見馴れたプロレスの匂いをイノキからみちびき出そうと、プロレス的な挑発をつづけたものの、イノキはその挑発に乗ることなく、悠然とかまえていた。まさに東洋人らしい沈黙の姿だった。およそ十カ月前に、アジア人は同じ有色人種同士の仲間だから闘わない……とコメントしたアリの言葉は、そのときのイノキという存在の遠さもあってのことでもあっただろうが、アリの生きてきた時間を洗い直してみれば、それは本音でもあったはずだ。調印式の場で、アリはイノキに対する自分のかまえをととのえることができず、プロレスラーに対してプロレス的パフォーマンスをくり出しそれが空転していた。その場でのアリのストレスは高まったにちがいない。

イノキは、それを見すかすかのようにやりすごし、アリの一挙手一投足の奥にあるものを、細い針の穴に糸を通す職人のような目で透視するように見ていた。そのあげくここでまたもや美津子夫人が、女優ならではの一役を買っていることに、私は感服してしまう。アリのサービス的演技もまた、本物の女優にさそい出されたものだったはずである。

それはともかく、イノキ対アリ戦決定というこの日のビッグニュースは、日本の各メディアでもクローズアップされた。しかも、スポーツメディアだけでなく、一般紙、テレビ各局が大きく報じ、プロレス界でもさまざまな反応があった。

猪木にとっての最大のライバルともいえるジャイアント馬場は「ノーコメント」と

前置きしながらも、「個人としては、どちらが勝つか興味がある。プロレス関係者としては猪木に負けてもらっては困る」といった含蓄のあるコメントを出し、国際プロレス代表の吉原功氏は「うちには関係がないので別に応援はしませんが、プロレス界のイメージダウンになるような結末はつけてもらいたくない。猪木には責任を持って、アリと闘ってほしい」と発言している。慎重な言い回しのなかにも、当時のプロレス界がイノキの台頭に向ける、屈折した視線があらわれているようだ。

一方で、モハメド・アリという稀代のスーパースターをプロレスのリングに引っ張り出された格好のボクシング界、つまり日本ボクシング・コミッションは「ボクシングは正当なるスポーツであり、真剣勝負。他のスポーツと戦うべきではない。日本で外国人ボクサーがボクシング行為をおこなう場合は、日本コミッショナーの認可を受けるべきである」などと横やりを入れる発言をしていた。

だが、これはアリ側に「今回の猪木戦に関して、WBAの了承をとってある。日本ボクシング・コミッションにとやかく言われる筋合いはない」と一蹴される形で、日本ボクシング界は矛を収めざるを得なかった。

以上、プロレス界、ボクシング界からの反応は「ドキュメント1976・6・26」をアレンジして引用させていただいた。

いま読んでみて、私は四十一年前とかさなる感触をおぼえた。大雑把に言って、プロレス界もスポーツ界も、イノキ対アリ戦に対してはやはり上から目線の冷ややかな反応だったのだ。プロレス界は、やるのはいいけど……のあとに釘を刺すという感じで、あたかもこの一戦の実現を信じられぬ大事件と評価することを避けるかのようなニュアンスを示していた。ボクシング世界ヘビー級王者と極東の一介のプロレスラーとの、あり得ぬ〝虚〟の札を〝実〟に裏返す奇跡の実現であったということの価値観を、あえて見ぬふりをしているような冷ややかな印象が、そこから伝わってくる。もちろん、それぞれの立場は理解できるものの、そのような業界意識の先には、やはり広がりが見えてこないのである。

日本ボクシング界の反応がアリ側に一蹴された件については、当時の日本コミッションの度量の小ささと、ボクシング界の稀代のスーパースターであったアリへの尊敬の念すらない、杓子定規の狭量を感じさせられるのだ。

一般紙やマスコミは、とりあえずの話題として大きく報じてはいたものの、やはり記事の奥には〝八百長〟の可能性を匂わせるものが多かったように記憶している。つまり、イノキはアリという問答無用のスーパースターとからんだため、力道山と同様にプロレスの埒を超える世界へと顔を出し、〝世間〟の秩序を逆なでしてしまったということになるのだろうが、これはイノキの目算通りのなりゆきだったはずだ。

調印式後、アリは五月一日にアメリカ・メリーランド州で世界ヘビー級四位のジミー・

ヤングと、五月二十五日にはドイツ・ミュンヘンで同級三位のリチャード・ダンとの防衛戦を行なうなど、ハードスケジュールの試合をこなした。また、イノキ戦へ向けて出発する直前には、プロレスラー相手にデモンストレーションを行ない、イノキ戦への余裕を見せてもいた。

ここにおいてもアリは、イノキ＝プロレスラーという固定観念の域を出ることがなかったのか、あるいはデモンストレーションとしての表現であるのか。六月十日にシカゴでプロレスラー、トニー・ジャイやバディ・ウォルフとの実戦トレーニングを行なったが、レフェリーに前AWA世界ヘビー級王者のバーン・ガニアを起用しているあたりに、デモンストレーションぶくみの、どこかでイノキへのプレッシャーあるいは俺はプロレスをやるぞというメッセージをふくんだ実戦トレーニングを感じさせる。アメリカのプロレス業界の常識の中では当然、バーン・ガニアの存在はイノキよりもはるかに格上なのだ。

また、全米空手チャンピオンのジョン・リーが持ってきた空手の専門書に見入る写真や、当時のAWA世界ヘビー級チャンピオンのニック・ボックウィンクルとのツーショット、それに〝アラビアの怪人〟ザ・シークとの密談が報じられるなど、イノキとの試合を盛り上げるべく余裕綽《しゃくしゃく》々のムードを伝えたりもしている。なにしろ、アリのプロレス観は古風なのだ。

ともかく、イノキとの一戦のリングに上がる前のアリの気分には、試合を自分流のプロレス色に染めようというかまえ満々であることが見えてくる。

一方、イノキは三連覇を狙うべくのぞんだ、「第三回ワールドリーグ戦」の途中、五月七日の高松大会で肩を負傷し、リーグ戦を途中欠場した。この記事をスポーツ紙で読んだ私は、我が意を得たりの気分にひたったのをおぼえている。このままシリーズの決勝まで勝ち残ってもらったのでは、体力の消耗もさることながら、アリ戦にそなえる時間がなくなるのでは……などと通ぶった心配をしながら、スポーツ紙の記事を追っていた矢先だったからだ。そして、やがてそのスポーツ紙に、実はイノキが藤原喜明とともに上野毛の道場にこもり、打倒アリに向けての実戦トレーニングを行なっているのだという記事が載り、やはりそうか……と安堵したり、自分の典型的なイノキ・ファンらしい一喜一憂のありようを今さらのように思い出す。

ただ、いまふり返って思うのは、イノキがアリ戦をプロレスの試合とは一線を画す、〝道場論〟を身にまとって闘うつもりなのだという手応えを、「藤原喜明とともに」という記事から汲み取ったのもたしかだった。藤原喜明は、新日本プロレスの〝道場論〟を担う軸たる若手レスラーだったからである。

この件とともに、ここから試合直前までの刻々のいきさつを、プロレス・ファンは「東京スポーツ」の報じる記事から大雑把には把握できていたのだが、一般スポーツ紙や一般紙あるいはテレビなどでそれが報じられることはいっさいなかった。つまり、ほとんどの

〝世間〟の人々は当日いきなりテレビでイノキ対アリ戦のチャンネルに合わせ、急遽説明された試合のルールを漠然と聞きながし、開始された試合を見ることになったのだ。

そこで、しばらく正確に時を追い、なぜあのルールで試合が行なわれることになったのかを、じっくりと検証しておきたい。

## 3　イノキの爆弾発言

一九七六年六月十二日にニューヨークを発ったアリは、ハワイを経由して、六月十六日に東京国際空港に降り立った。イノキ対アリ戦の十日前であった。

アリのうしろには、最高マネージャーであるハーバード・モハメド、プロレスのコーチをつとめたというあの〝銀髪鬼〟フレッド・ブラッシー、ボクシングのコーチ陣に加え、シカゴ市警の現役刑事やボディガード、マッサージ師などをふくめて総勢三十七人の姿があった。

翌十七日、朝の四時四十分過ぎ、アリは早朝のロードワークをこなし、午後三時から東京渋谷のセンタースポーツジムで公開練習を行なった。

元ボクシング世界ヘビー級王者のジミー・エリスらを相手に四ラウンドのスパーリングを行ない、次にブラッシーの指導のもと、プロレス技のヘッドロック、あるいはスパーリング相手の頭部を殴りつけるなど、プロレスさながらの攻撃を披露した。この模様をスポーツ紙で見た私は、力道山時代に〝噛みつき〟で鳴らしたあのブラッシーの思いもかけぬ登場や、プロレス技の披露などから、やはりアリはイノキとアリ流のプロレス試合をするつもりでいるらしいと、複雑な気持をいだいたことを思い出す。

三月二十五日の調印式以来、三カ月ぶりにアリとイノキが顔を合わせたのは、六月十八日に有楽町外国人記者クラブで行なわれた昼食会。昼食会とはいえ、これは事実上の記者会見だった。

「一羽のペリカンがなぜ二百万ドルものギャラをもらえるのか、それは世界最強の俺と闘うからだ」というアリの言葉に対して、「アリとは日本語で小さい虫の蟻（ant）。踏みつぶすのは、ワケもない」と、イノキはコメントした。

このイノキの言葉が私に、前述のブラジルでの取材の折にイノキとの時間をすごしたさい、イノキが足もとの蟻の行列を打ちながめながら、「蟻のうごきをじっと見つめて時をすごしたことありますか……」と、呟《つぶや》くように問いかけながら遠い昔を思い出す目になっていた場面をよみがえらせた。家族とともに移民としてブラジルのコーヒー園で働いていたとき、蟻は作業の大敵だった。その大敵たる蟻のうごきを不思議そうにながめていたイノキ少年が、ant＝蟻をモハメド・アリへの冗句として用いた。そのことに、私は深い意味はないが、少しばかり感動したものだった。

そのあと、イノキはアリにプレゼントを渡す。ラッピングされた細長いものを手にしたアリは「マシンガンか?」などとおどけていたが、ラップの中身が松葉杖だったのを見て激怒してみせた。イノキの「お前は俺に踏みつぶされて、自分の足じゃ日本を出られないだろう。だからこれをプレゼントしよう」という言葉に、アリは逆上した表情を見せ、イノキへの挑発をつづけた。松葉杖のプレゼントは、アリに足への攻撃のヒントを与えることにならないかと、当時はひそかにスリルをおぼえさせられたシーンでもあった。

その場面から私が思い出したのは、ウィルエム・ルスカ戦のたしか調印式の場面。ルスカがチーズを宙にかかげて「俺はオランダのチーズを食って体をつくっているからお前に負けるはずがない」と挑発すると、イノキが「俺はチーズよりエネルギーを与える日本の納豆を毎日食っている」と、チーズと同じ発酵食品を口にして応酬したのは、独特の臨機応変なセンスだったが、松葉杖のプレゼントもまたそのセンスによる面白い趣向だと思ったものだった。

ただ、これも外国人記者クラブを意識してのジョークであって、イノキがアリのプロレス試合へのさそいに乗ったとは思えない。アリは自分のイノキへのスタンスを、大物対小物と決めつけることであらわしているようで、松葉杖のプレゼントはそれに対するなかなかの牽制の表現だった。ただ、このユーモアは、イノキがプロレス試合を受け入れるかもしれないとアリに思わせる、かすかな期待につながる気がしないでもなかった。

さて、アリの来日後も、ファイトマネー問題と試合のルールの問題の交渉は、難航をつづけた。

イノキ陣営は当初から、「時間無制限一本勝負で、KOもしくはギブアップで決着」というシンプルなルールを想定して交渉にあたっていた。

一方、アリサイドは、一ラウンド三分の十五ラウンドを初めとして、グローブ、シューズ、バンテージ、判定の方法、反則行為などに関する六条二十三項から成るボクシング寄りのルールを主張した。これは、イノキにとってかなり不利なルールだが、イノキ陣営もある程度は覚悟しており、何より試合実現を最優先し、アリ側から提示されたルールをすべて呑み込むことにした。

だが、六月二十日に東京・後楽園ホールで行なわれた公開練習が、イノキをさらにがんじがらめにする効果を生んでしまった。

まず、アリがスパーリングを公開。華麗なフットワークとミット打ち……アリの反射神経と独特のかろやかなステップに、集まったファンは大歓声をおくった。これは、アリらしいサービスにみちた見馴れた風景とも言えた。

次に、イノキがリングに上がり、新日本プロレスの藤原喜明、木村健吾、木戸修らの選手たちをともなってスクワットやブリッジなどプロレス流のかなりハードなトレーニングを披露し、さらに打撃や相手の後頭部に蹴りをたたき込む〝延髄斬り〟を披露すると、ひときわ歓声がおこった。

この公開練習の画面が残っているが、客席の後方でイノキの〝延髄斬り〟を見たアリが、何やらわめきちらしながらリングに迫ろうとしてブラッシーに引き止められている姿が映っている。この公開練習でのイノキの激しい攻撃ぶりは、ファンにやる気を伝えるデモンストレーションの効果はあったものの、アリ陣営を強く刺激することにもつながった。

イノキの公開練習を目のあたりにして、アリ側は試合への認識を急変させたのだった。

この夜、新日本プロレスに対して、アリ側は「アリの頭部への攻撃禁止」「空手チョップ・ヒジ打ち・ヒザ蹴りの禁止」「立った状態でのキックの禁止」など、ルールのさらなる改訂を要求してきた。

つまりイノキにとっては、組みつく以外スタンド状態では何もできず、基本的にはキックも禁止というルール。

しかし、「ただし、ヒザをついたり、しゃがんでいる状態のときは、足または足の甲、側を使って、相手を倒す足払いは認められる」という一項が入っていて、これが本番たる試合の上での命綱となってくるのである。しかし、ボクサーと闘うプロレスラーにとっては、がんじがらめのとんでもないルールにはちがいない。

イノキ陣営は、これでは闘いようがないというので、試合の中止をアリ側に伝えようとイノキに進言したという。

だが、イノキは〝ここでアリに帰られたら苦労のすべてが水泡に帰す〟〝何が何でもリングに上げてしまえば必ず勝てる〟という思いの中に怒りを押し込め、アリ側の要求をすべて呑むことに決める。

六月二十三日、東京・京王プラザホテルのコンコードボールルームで、イノキ対アリ戦の直前調印式も兼ねたディナーパーティが開催された。この模様は、NETテレビの「水曜スペシャル」で放映もされた。

アリは当初このディナーパーティに対して、「俺は貧しい者の味方だ。メシを食うためだけに大金を払うようなパーティには出ない」と、本来のアリらしい姿勢で会費五万円のパーティへの出席を拒否する姿勢をとっていたが、ハーバード・モハメドの説得によって、乗り気なく出席したせいか、会場に姿をあらわすや「カマン！　イノキ、いまここで勝負しろ」などとあいかわらずのプロレス的パフォーマンスでイノキを挑発した。今にして思えばアリのこれらの矛盾をもふくんだ一連の言動の振幅は、アリの深層心理の中にあった、イノキとの試合の中に設定すべき対立軸の模索をもふくむ、焦燥にかられた挑発であったかもしれぬという気もするのである。

イノキは、アリのそんな態度をそれまでいっさい受けながしていたが、調印式の冒頭でマイクを取り、爆弾発言とも言える長いコメントを、毅然とした表情で噛みしめるように、あるいはテレビの向こうの視聴者にうったえるかのようにはっきりと話しはじめた。

「私はこの試合を絶対に実現させたいがために、（アリ側の一方的な主張を）耐えに耐えてきました。しかし、先日の外国人記者クラブで、『プロレスはインチキだ』『お前の蹴りなど痛くもかゆくもない』（とアリは発言したが＝村松註）ならば、皆さんにご報告したい。アリ側の汚い戦術、裏側で何を言っているのか。ドロップキックは使わないでくれ。あるいは空手チョップは使わないでくれ。寝てから殴らないでくれ。再三再四のルール変更にも私は耐えてきましたが、我慢の限界があります。

結果は6月26日を待てばいいわけですが、非常に汚い戦術、そして私は手足を縛られて闘うのと同じ条件で闘うわけです。アリがもし日ごろ大口を叩き、本当に世界的チャンピオンであり、偉大なボクサーであるならば私は公の場で申し上げたい。私の財産、すべての興行収益、クローズドサーキット（の収益）を懸けて、勝った者がすべてを取ろうじゃないか。それだけの覚悟で私はこの試合に臨みます。もしアリ側が望むならば、その契約書をここで交わしてもいい」

これが、「ドキュメント1976・6・26」に収録されたイノキの突如としての発言である。この様子は、テレビ放映もされており、映像としてもはっきりと残っている。

交渉時のイノキ陣営との暗闘を暴露され、〝勝者ファイトマネー総取りマッチ〟をぶち上げられたアリが、逆上の態《てい》でイノキに詰め寄らんとするのを、アリに同行したあの〝銀髪鬼〟フレッド・ブラッシーが必死で制止する様子が、画面にも映っている。このときの、イノキのパフォーマンスこそ、アリがコピーしているプロレス的パフォーマンスとは別物の、テレビ放映中という場面であるからこそのイノキ流パフォーマンスでもあった。イノキから仰天プランを叩きつけられたアリは、衆人環視のもとでもあり、その場で「イエス！」とばかり、勝者賞金総取りマッチにサインしてしまった。

このイノキの突然の爆弾発言には、イノキ陣営もまた仰天したという。つまりこれは、自らの陣営に相談することもないイノキの個人的発想による発言だったのである。

だが、アリ陣営には必殺のカードが残されていた。結果として、公の場でOKしたこの契約書を、水面下の暗闘の中で反故《ほご》にしてしまうという手に出たのだった。そしてその切り札は、「契約書を渡さなければアメリカへ帰る」であった。力関係とはこのことで、イノキ側はその契約書をやむなくアリ側に渡し、〝勝者賞金総取りマッチ〟の契約書はこうして闇に葬られたのだった。

このアリ陣営の要求を呑むについては、アリとの試合を実現させねばならぬというイノキの熱情とともに、のっぴきならぬ立場があった。契約書を守るより、試合自体が反故になることを防ぐのを第一としなければならなかったのだ。ただ、「イノキは淡々と、契約書の返還を決めた」と「ドキュメント1976・6・26」には記してある。この顚末についても、いかにもプロレス的な試合前の演出にすぎぬ……と、おそらくマスコミおよび〝世間〟は受け取っていたことだろう。

この〝勝者賞金総取り〟案の提示は、アリ陣営というよりもアリ自身にイノキの本気度を感受させる効果ともなったはずだ。アリの体に埋め込まれたこの効果が、イノキ戦でどのような脈打ちをあらわすのか……いや、それはゴングが鳴ったあとのなりゆきの中でのことなのだが。

## 4　「二人にしかわからない感じ」

以上が、「ドキュメント1976・6・26」の記述に沿うようにして、折々に私なりの心情や記憶をまじえた、試合当日までのたどり直しである。

イノキ対アリ戦が行なわれた一九七六年六月二十六日、私は依然として中央公論社で発行していた文芸誌『海』編集部員という立場だったが、隣の席にあった『中央公論』編集部に所属する二歳下のHとの喫茶店での密談めいた話くらいしか、この試合については社内の誰とも事前に言葉を交わしていない。それは中央公論社内の雰囲気とイノキ対アリ戦への興味とは、かなりの距離感と温度差を確信していたからに外ならなかった。

ただ、Hは『中央公論』誌上に掲載する観戦記を、唐十郎に依頼していた。唐十郎の作品は戯曲のみならず小説も『海』誌上には何度も登場していて、私はその担当者でありすでに懇意の仲ともなっていたが、Hはまだ一面識もなかった。そこで、会社が休日である土曜日の試合当日、私がタクシーで唐十郎の家へ迎えに行ってチケットを渡し、試合会場である武道館へ彼を送りとどけることをHに頼まれた。

当日、私は時間を計って家を出てタクシーで唐十郎の家へ迎えに行って武道館へ送りとどけ、トンボ返りで家へ帰ってテレビの前へ陣取った。私は、その時になっても果してアリが本当にリング上に姿をあらわすかについて疑っているような心理状態にあった。それは、「東京スポーツ」病とも言える症状によるもので、そこに刻々と掲載される記事によって、本来あり得ぬと思っていたイノキ対アリ戦実現への不安とその内容への疑心暗鬼が、頭の中に大きくふくらんでいた結果だったかもしれない。

何か不穏なものをどこかで予測しながらテレビの前で胡座《あぐら》をかいていると、静岡の高校の先輩であるムロちゃんが、「ムラマツと一緒に見ようと思ってさあ……」と家へやって来て、となりに陣取った。まだ『私、プロレスの味方です』を書く前の私と一緒にイノキ対アリ戦を見ようというムロちゃんの真意は計りかねたが、あり得ることのように感じていたかもしれなかった。カミさんが二人の前におずおずと茶を出して、すっと離れていった。

そして、十五ラウンドの終了まで見とどけると、「オレ、ちょっと行くところがあって……」と、ムロちゃんは申し訳なさそうなかたい表情を残して、試合については何も口にせずそそくさと帰って行った。その表情には、気まずい思いをさせちゃって……という私への気遣いの色があらわれていたが、私もまたムロちゃんに納得のいく試合の解説ができなかったことへの屈折した思いを噛みしめていた。

試合直後の、現場たる日本武道館の客席の雰囲気が「ドキュメント1976・6・26」には次のように記されている。

1ラウンド開始直後から、猪木はのちにアリキックと言われるスライディングキックでアリの左足を徹底して蹴った。前述した通り、プロレスラーにとってがんじがらめのルールのなかで、唯一取り得た対抗策がこのアリキックだったわけだが、この攻撃が15ラウンド続くとは誰が予測しただろう。

寝転がった状態の猪木に対し、アリのパンチは届かない。世界最強のボクサーがヒットさせたパンチは4発。14ラウンドの終盤、猪木の額にストレート気味の一撃が入ったものの、決定打とはならなかった。

以上のような展開で、3分15ラウンド、45分間を闘いぬいた猪木とアリ。15ラウンド終了のゴングが鳴り、両陣営がリングに入ってくるなか、猪木に歩み寄ったアリは自ら右手を差し出し、猪木もそれに呼応。すると、アリは猪木を抱きしめ、何か言葉を交わした。
だが、そんな2人に客席からは罵声が飛び、一部からはゴミが投げられた。（中略）判定の集計もやはりピリピリした雰囲気で、結果が出るまで5分以上かかった。まず主審のジン・ラベール氏は71対71のイーブンとした。元日本プロレスの遠藤幸吉氏が72対74でアリ、日本ボクシング協会公認レフェリーの遠山甲氏が72対68で猪木。三者三様の判定結果を受け、アントニオ猪木対モハメド・アリによる格闘技世界一決定戦は1対1の判定でドロー。世紀の一戦は決着がつかぬまま、終わった。

イノキ対アリ戦の翌々日の月曜日、私は何となく会社へ行く気がしなかった……つまり登校拒否気分におちいったのは、編集者の仕事をしている三十六歳の大人として、我ながら子供っぽい反応だった。そして予想通り、それまでこの試合を煽り立てていた翌日のマスコミは、それ見たことかといったふうに、鬼の首でも取ったかのごときの気の弾みとともに、〝世紀の凡戦〟という言葉をくり返していた。ふたたび「ドキュメント1976・6・26」に目をもどし、試合への反応ぶりを点検してみたい。

「世界中に笑われたアリ・猪木ドロー」「〝スーパー茶番〟何が最強対決」（日刊スポーツ）

「世紀の上げ底ショー」「寝たきり猪木、アリ打たず」（サンケイスポーツ）

「〃蹴り〃つかず猪木アリ」「一発三億円〃お大尽〃アリ」（スポーツニッポン）

「残った赤字3億円」「看板倒れ　ファンどっちらけ」（報知新聞）

「猪木〃大凡戦〃に落涙」「まさにサギ行為」（東京中日スポーツ）

「互いに相手恐れて守りだけの世界一戦」「格闘そっちのけ〃保身〃の15ラウンド　ファンの不満だけ残るアリvs猪木戦」（日刊スポーツ）

「猪木・アリ〃真昼の決闘〃寝たきり猪木にアリ舞えず」（毎日新聞夕刊）

私の頭には、イノキ対アリ戦……というよりもプロレスラーであるイノキのボクシング世界へビー級現役チャンピオンへの挑戦という、突拍子もない試合に向ける、試合前からの〃世間〃の冷ややかな目が浮かんでいた。そして、試合の結果については私なりのいくらかの思いもあったが、〃世間〃の目を屈伏させることのできぬ試合の手応えが寂しかった。

私は、イノキ対アリ戦の四年後にイノキ流のプロレスを軸とする『私、プロレスの味方です』を世に出した。これが偶然ベストセラーとなり、続篇のようなかたちの『当然、プロレスの味方です』を書き、その巻末にイノキとのインタビューを加えたのだが、その中でアリ戦についての自分の受け止め方を喋っている。

**村松**　アリ戦なんですけどね。あれ僕ね、ものすごく興奮させられた試合なんです。ところが一般の評価というのは、「世紀の凡戦」というようなことになっちゃったでしょう。これには僕は、ルール説明の不徹底が大きかったんじゃないかと思う。プロレス・ファンは毎日、刻一刻、ルールがどうなっていったか、猪木さんが何言ってアリが何言ったかってなことを「東京スポーツ」なんかで知っていて、当日を迎えてるわけですよね。一般の人はそれを何も知らないでね、ただその時間にテレビのスイッチひねるわけでしょう、茶の間で。そうすれば、猪木さんが作戦としてただ寝てたってことになる。これはそう感じるのも当然、というところがあるんですよね。

**猪木**　結局、そこまでうちにスタッフがいなかったということでしょうね。私は、リングの上からそこまで指示できなかった。余裕もなかった。当然あの場合は、時間がかかってもいいから、このルールなんだということを、繰り返し繰り返し訴えるべきだったと思うんですけど。まあ、それと同時に私自身のうぬぼれもあったしね。そんなものがなんだっていうんだ、要は……

**村松**　勝ちゃあ、いい（笑）。

**猪木**　ね、リングの上で沈めれば、結論は出るということもあった。まあ、それはこちらの誤算ですけど。

**村松**　反則でも何でもいいからのばしちゃってくれれば、（プロレス・ファンとしては＝村松註）まだ溜飲が下がったのに、という感じだってあったと思うんですよね。

**猪木**　何ていうのか、これはまあ、アリもそうだし私もそうですが、二人にしかわからない感じっていうのがあるんですよね。まあ、人間というか、アントニオ猪木というよりモハメド・アリというより、そういうものを飛び越した超越したみたいなものの力の作用というものはね、まあ具体的に何だと言われてもちょっと答えようがないんですね。

だからアリにしかわからない、私にしかわからないものがある。言葉では表現できないんですよね。

実は、このときのイノキの言葉を、私はその場でも咀嚼《そしゃく》できなかった。「二人にしかわからない感じ」という、誰よりもこの試合へのもどかしさを強く感じているイノキの言葉が、言葉として頭に突き刺さったのはたしかだった。だが、その真の意味を解明する根拠が、自分の中に見つからぬことに苛立ちもしたものだった。

そうなんだろうな……と、イノキの「二人にしかわからない感じ」という言葉のトゲのうずきを感じながらも、あの試合直後の自分自身の茫然自失の中での思考回路の崩壊が、あらためて試合の一部始終をたどり直す気力を失わせる……そんな状態におちいってしまったのだった。

人には都合のわるいことを忘れようとする癖《へき》があり、やがて本当に忘れたという気持になってしまうというケースにかさなるのか、イノキ対アリ戦は私の記憶からすっぽりと抜けたようになり、かろうじて頭に突き刺さった「二人にしかわからない感じ」というイノキが口にした言葉のトゲのうずきもまた、しだいに薄まっていった。

こうやって、私の中でイノキ対アリ戦が記憶の彼方にゆらめく陽炎《かげろう》のごとく心もとないものとなっていったのだった。

そんなとき、イノキ対アリ戦から四十年がたったのを機に、この試合を実況中継したテレビ朝日（当時のＮＥＴ）が、〝イノキ対アリ戦四十周年〟と銘打ち、イノキ自身や関係者のインタビューなどを折りまぜたドキュメント構成の番組の中に、イノキ対アリ戦のすべてが組み込まれる特別番組を放映することを知った。

すると、体の淵に沈んで消えかかっていた、心もとないトゲのうずきが「二人にしかわからない感じ」というイノキの謎めいた言葉とともに私の中でにわかに刺激をもってよみがえったのだった。

私は四十年前と同じような緊張感とともにひとりでテレビ前に陣取った。あのとき一緒にテレビ中継を見た先輩のムロちゃんは、いま信州の八ヶ岳へ引っ越しているのだが、またふらりとその姿をあらわすかもしれぬと根拠もなく思ったりしながら、私は番組に見入った。

番組は、私の中にあった記憶の輪郭を、たちまちくっきりとさせてくれるような場面や、活字や写真で知っていた場面の迫真力、そして周辺の人の心もようなどが立体的に構成されていて、私の目には四十年も前の事柄が新鮮なシーンとしていくつもよみがえった。

そして、試合の実況中継の伝え方にも新たなる構成が織り込まれ、ここまで書いてきたような、アリ陣営とイノキ陣営のしのぎ合いの部分をも手際よく伝えてきて、視聴者は四十年前とはちがう視点で、イノキ対アリ戦を見ることができるにちがいないと思った。

もっとも、イノキ対アリ戦の実況中継をリアルタイムで見た人々となれば、当然、私と同様とは言わぬまでもそれなりの年齢となっているはずだ。それに、イノキの試合もアリの試合も見たことがない若い視聴者も多いにちがいない。彼らはこの試合をどう見るのだろうか……と思いかけたが、その思いを途中で消した。いまの自分に、そんな余裕はないという気がしたからだった。「二人にしかわからない感じ」というイノキのキーワードを胸に、イノキとアリだけのいるリングの中で、いったい何が起こっていたのかを、目を凝らして観察しようと、私はテレビ画面に向き直った——。

モハメド・アリ対アントニオ猪木戦
1976年（毎日新聞社提供）

第6章

# イノキ対アリ戦、観察的観戦記

## 1　アリとイノキを結ぶ縁

二〇一六年六月三日、アリの七十四歳での死去の報がながれた。

久方ぶりに、モハメド・アリの名がマスコミにクローズアップされ、その存在の意味があらためて評価される追悼記事が数多く出た。そのながれの中で二〇一六年六月二十六日、〝緊急追悼番組〟としての「蘇る伝説の死闘　猪木vsアリ」がテレビ朝日によって放映されたのだった。

六月二十六日は、四十年前にイノキ対アリ戦が行なわれた四十周年にあたる記念日であった。アリの死への反応として、この試合をクローズアップするテレビ番組は、おそらくかつてイノキ中心の「ワールドプロレスリング」の放映をつづけ、イノキ対アリ戦をも実況中継したテレビ朝日のみであるにちがいない、と私は思った。

あれから四十年か……という感慨とともに、体に突き刺さっていたイノキ対アリ戦のトゲのうずきが、テレビを前にした私の中で屈託をもってよみがえった。

イノキ対アリ戦は、これまで述べてきたように、その試合決定が報じられた段階から、マスコミからは嘲笑ぶくみの冷ややかなあつかいをされていた。そのベースには、プロレスラーであるイノキの〝売名行為〟といった、〝世間〟の秩序からの差別感覚があったにちがいなかった。

　力道山によってもたらされたプロレスの爆発的人気が、木村政彦との真剣勝負による〝日本一決定戦〟と打ち出した試合の様相への反発から、〝八百長でなければ巻のケンカ〟と揶揄され、力道山自身の日常行動の中でのスキャンダルまで持ち出される過程で先細り、力道山以降のプロレスは〝世間〟の秩序を刺激する視界に入ることなく、それなりの歩みをつづけていた。

　そんな雲行きの中で、イノキがボクシング現役世界ヘビー級チャンピオンのスーパースターであるアリへの挑戦を不埒にもぶち上げたものだから、底に沈み込まんとする〝世間〟の秩序からのプロレスへの差別感が、むくむくと頭をもたげたのは当然のなりゆきかもしれなかった。

　そして、そのことを承知の上で、イノキは無謀にもアリ戦という大きな賭けに打って出た。アリの気まぐれとも取れるひとセリフに、幻の釣針を引っかけて強引にたぐりよせ試合実現に向けて爆走するイノキの中には、営業的目論み、プロレスラー最強説を証明する意気込み、アリとの闘いへの純粋なロマンなどとともに、力道山以来の〝世間〟の秩序から向けられているプロレスへの差別感を炙り出し、プロレスにからみつく〝汚名〟を一気に晴らすための起死回生の一打という本意が秘められていたというのが、私なりのアングルである。

だが、結果としてイノキのそんな目論みはすべて水泡に帰し、マスコミからは〃世紀の凡戦〃〃茶番劇〃とアリをも巻き込んだ嘲笑を浴びせられた。スポーツ界は当初から冷淡、プロレス界は余計なことをするという反応だったのだから、試合後はもちろん突き放した批判を向けていた。

試合のありようや結果は、多くのファンをも失望させた。私自身は、〃世間〃の秩序に向ける説得力ある要素が、試合からつかみ取れぬ自分へのもどかしさと不甲斐なさを噛みしめさせられた。そして、その気分は四十年のあいだ私の体に突き刺さったトゲとして残っていたのだった。

絶頂から谷底へ落ちたイメージと見えたイノキは、その後に〃アリと闘った男〃という札を生かし、〃異種格闘技戦〃というルスカ戦を継承する新機軸を打ち出して、プロレスラーとしての地歩を奇跡的に回復し上昇させていった。その〃異種格闘技〃路線は、プロレスラーの活躍の幅を広げるヒントを多くはらんでおり、そこにつながる各種の〃格闘技〃路線を生んでいった。

いまプロレス界は、プロレスの先進国たるアメリカの団体との提携や交流が目立ちはじめ、インディー団体もそれぞれのファンをつかみ群雄割拠《ぐんゆうかっきょ》しているようだ。力道山、ジャイアント馬場、アントニオ猪木になることはできないが、それぞれのリングでのスターは輩出している。もはや、力道山はおろかジャイアント馬場もアントニオ猪木も見たことがないファンのあいだで、プロレスというジャンルはそれなりに息づいているのだ。

そんな時世にイノキ対アリ戦といっても……と思いかけたが、アリ戦後に打ち出した〝異種格闘技〟路線をイノキは自らのプロレスの中に組み込んで、〝勝負論〟のけはいを先へつなげたのである。そのながれを汲む、あるいは独自に派生した〝総合格闘技〟的なジャンルが一時代を画したため、格闘技を見るファンの目は当然、四十年前のイノキ対アリ戦当時とはくらべものにならぬほど進化している。彼らは〝世間〟の秩序からのプロレスへの差別感とも無縁であり、いわば格闘技に対する目が肥えているのだ。

そんな若い世代の目に、イノキ対アリ戦がどのようにとらえられるのかに、私の興味は一時は向けられもした。そして、イノキ対アリ戦から四十年の歳月の中で、私にも少なからぬ変化があった。当時私は中央公論社の社員であったが、イノキ対アリ戦から四年ほどして『私、プロレスの味方です』を書き、それが思いのほか売れたのをきっかけとして会社をやめ、作家となって今日にいたっている。だが、『私、プロレスの味方です』の中で撫でるようにしか触れられずにいたイノキ対アリ戦が心のどこかに引っかかってもいた。なぜ撫でるようにしか触れなかったか……それは、あの試合を咀嚼できぬまま、期待から外れた試合ぶりとその結果から受けたダメージのため、〝世間〟の秩序へのひとセリフが思い浮かばなかったからだ。けっきょく私自身のレベルゆえということになるのだろう。私にとっては、そのトゲのうずきが消えやらぬままの四十年ということになるのである。

また、『私、プロレスの味方です』を書いたのがきっかけとなり、しばらくは『月刊プロレス』誌の仕事を軸にイノキとの交流がつづいたが、あるときから仕事のからまぬつき合いに変化していった。共通の友人であるヨシケイ横浜の武元誠さんと三人で周期的にポツリ、ポツリと顔を合わせる中で、私はイノキを観察するようになった。そしてイノキの思いもかけぬ貌《かお》を、私は何度も確認したものだった。これもまた、イノキ対アリ戦から今日までの四十年という歳月がもたらした事柄と言えるだろう。

思えば、イノキ対アリ戦のとき、私はイノキとは面識のない一ファンであった。四十年のあいだに私の中に蓄積されたイノキのセンスはおびただしい色合いをはらんでいる。

その四十年の色合いの中には、いろいろな模様がちりばめられている。

イノキの第二の故郷と言うべきブラジルは一九八〇年代には、石油にかわるエネルギーとして、サトウキビから自動車燃料のアルコールをつくっていたが、そのとき生じるサトウキビの搾《しぼ》り滓《かす》たる大量の廃バガスとアルコール廃液が、公害問題となりはじめていた。

その廃バガスにはリグニンという物質が含まれていてそのままでは牛の飼料として使えないが、これを四種類の酵素で分解すれば、廃バガスと廃液を牛の飼料に変えることができる……この発想に着目したのがイノキだった。

サトウキビの搾り滓として残る廃棄物のバガスを、酵素で分解して牛の飼料をつくる。そしてその牛の糞によってサトウキビが育つ……大雑把に言えばこのリサイクルのシステムによるベンチャービジネスを、ブラジルの地でイノキは起こした。これが、〝アントンハイセル〟。〝アントン〟はイノキのニックネームで、〝ハイセル〟はバイオテクノロジー用語〝ハイセルロース〟の略であった。セルロースを辞書（『大辞林』）で引けば「繊維素」の意が出ているが、私などにはチンプンカンプンだ。

十七歳まで育ったブラジルの地に根ざすイノキのこのビジネスプランは、さまざまな要素をふくんだ曲折の果てに立ち消えとなり、そこにイノキのかかえた負債がからむ噂などがかさなって、〝アントンハイセル〟は、いっときの新日本プロレス内では眉根を寄せられる存在になってしまった。

だが、これは当時四十歳だったイノキの、プロレスラーの枠をはみ出す発想による社会的事業の第一歩と言ってよかった。ベンチャービジネスは汚名とともに露と消えたが、〝アントンハイセル〟の工場があったブラジルのレーメという土地で、イノキから直《じか》に聞いたせいか、このバイオテクノロジーを駆使したリサイクルシステムへの傾倒は、さまざまな噂を超えて、きわめてイノキらしいロマンだと感じた手応えが、私の中では今も生きている。

イノキの社会的事業はとかくその途次で風化することが多いが、〝アントンハイセル〟の示唆するリサイクル問題や、最近はやりの〝脱力〟の効力をも暗示していた〝風車の理論〟、あるいはそれぞれの役割の価値に重層性を与える〝環状線の理論〟、朝鮮半島の南北境界線である三十八度線に光の道をつくり平和の象徴としようという〝ピースライト〟の突飛とも言えるロマン、あるいは、マイナス極とマイナス極、プラス極とプラス極の反発を利用する〝永久電池〟の延長線上で、ライフワークとして打ち出した「新世代発電機」の記者会見をひらいたが、磁石を固定するボルトが一本外れていたという原因で発電されず、会見が失敗に終った顚末についても、その刻々の発想力は興味深かった。何しろ、イノキの発想の基本は、他人のやらない〝面白いこと〟を実現することにあり、二〇〇二年の東京国立競技場における「Dynamite!」で、実は高所恐怖症であるにもかかわらず、上空三〇〇〇メートルから初体験のスカイダイビングを敢行して聖火台への点火をするという奇想天外な試みと、それを六十歳の還暦を迎えた人とは思えぬ度胸でこなすイベント魂には度肝を抜かれたものだった。

それらにおける物事の見方へのさまざまな暗示をふくんだ、その時どきのイノキの発想力や着眼の鋭さもまた、私の中には依然として生きつづけている。「ポルポト派にも良いポルポト派と悪いポルポト派がある」……これもまた冗談まじりの言葉だったが、人を恨むということをしない本質から発する、人間の価値への刻み方のイノキ流であるとともに、そのキャパシティの広さの原点とつながるセリフだ。

イノキ対アリ戦以降の、アリとイノキを結ぶ縁もそのひとつだ。アメリカによるイラク空爆の一カ月前のイラクの人質解放への立会い、一九九五年の平壌《ピョンヤン》における「平和のための平壌国際スポーツ文化祭典」への立会人としてのアリの協力、一九九八年のイノキのドン・フライとの引退試合のリングへのアリの登場などのシーンが、私の頭をかけめぐる。そんな自分が四十年前のイノキ対アリ戦を見てどう感じるのか……これもまた、〝モハメド・アリ緊急追悼〟と銘打たれた番組に向ける、私なりのかまえというものであった——。

〝イノキ対アリ戦四十周年〟のテレビ番組の冒頭に、まずはアリとイノキそれぞれのバックグラウンドにあるものがたりが紹介された。その中で印象に残ったアリの言葉は、「肯定のくり返しが信念につながる。その信念が深い確信になる。物事が実現しはじめる」「Impossible is nothing 不可能なんてない」……これはアリの声でなく字幕の文字として訳が記されたのだが、本来はアリの口から独特のラップのごときリズムで口走られるのだろう。いずれにしてもこの精神は、アリへの挑戦をぶち上げてついに実現にこぎつけた、極東の一介のプロレスラーたるイノキの行動自体にかさなるフレーズでもあり、アリの言葉を選んだ、イノキと縁のあった局の気遣いも感じ取ることができた。

また、〝キンシャサの奇跡〟たるアリとジョージ・フォアマンとの試合が紹介されたが、第3章でふれたように、かつて中継放送時にアリへの不安をいだいて見守ったときとは別の印象で、アリが自在に試合をコントロールしていることが感じられ、しかもアリのパンチの意外な強さにおどろかされた。

そして、イノキ対アリ戦がいま再び始まった。リングに登場した不死鳥の刺繍をほどこしたブルーのガウンに赤いタオル姿のイノキ、白のガウンに縦の赤いラインをあしらったアリの表情は、ともに意外なほど静かだったが、とくにイノキの目には、ニューヨークでの調印式のときと同様、微小な針の穴へ細い糸を通す職人のような色があらわれていた。

〔第1ラウンド〕

イノキは、ゴングとともにコーナーを飛び出し、スライディング・キックの連発で、プロレスの試合と同様に試合開始直後の雰囲気を盛り上げた。この試合のみのルールを熟知しない観客は、これは試合開始早々のプロレスラーらしい仕掛けだと納得していたにちがいない。

アリは、様子を見るように、パンチを放つより、イノキの足に蹴りを返し「Get up! 立て!」と叫ぶが、イノキは徹底して回し蹴りを放つ。レフェリーのジン・ラベールが、イノキの足の裏を使ってのキックをチェックし、徹底したルール監視の姿勢を示したのが印象的だった。

イノキの回し蹴りのヒットに、アリが手を高く上げて〝効いていない〟のジェスチュアを見せたところでゴング。イノキの素早い蹴りはどうやらアリの脛《すね》をとらえているらしいという感触と、ずっと尻をリングにつけ頭を持ち上げる姿勢でグラウンドをつづけているのは、腹筋に負担がかかりすぎるリスクがあるのでは……という老婆心が四十年前と同じように、私の中で交錯した。

一分間の休憩中、アリはイノキに「I'll destroy you ぶっこわしてやる!」「Coward 臆病者」「Japanese see you are coward 日本人はお前が臆病者だと知ったぞ」などと叫び、立って勝負しろと挑発しつづける。アリのボキャブラリーに広がりがなくなっていく。コーナーへ帰ると、セコンドが「OKか?」と言っても無反応。イノキは予想外に落ち着いた表情で、まだ、戦いの愉しみを予感している余裕さえ見えた。イノキもまた、セコンドのカール・ゴッチが向ける言葉に対して無反応だ。イノキのセコンドにカール・ゴッチ、アリの陣営にフレッド・ブラッシーというのは、偶然とはいえ天の配剤ともいえる見事な対照の構図だ。これはすなわち、アリがエキジビション・マッチを考慮していることをも示しているのだが、試合当日にはそのブラッシーがセコンドから外されているところに、アリ陣営の駆け引きの通じないイノキへの警戒心が垣間見えるようだ。

〔第2ラウンド〕

イノキが立ってかまえると、アリはボクシングの間合で狙うように反応するが、イノキは膝蹴りを一発放ち、「Come on」という風に両手で招く。近寄らせて膝へのキックを決めようとしているようだ。そのあとスライディング・キックを放っては立ち、このラウンドは立って闘うのかと見せるが、立つ、蹴る、グラウンドのくり返しが始まる。アリは、ひたすら「立て!」「ひと晩中そんなことをやっているのか」「来いよ」「一発で決めてやる」「あと数ラウンドで倒す」「もう疲れたか?」と連呼。観客へのアピールもかねて、グラウンドばかりのイノキを嘲笑する仕種や表情を見せる。会場の雰囲気を煽る、アリ独特のスタイルだ。アリは自分から踏み込んでパンチを放つことはしない。踏み込んだ足へのキックを警戒しているようだ。

両セコンド陣のかける言葉は大雑把な印象で、闘う両者が耳を貸すべき内容などない感じ。ただ、レフェリーのジン・ラベールがイノキに「立って闘え」と指示したのはなぜか。レフェリーはルールの詳細をとっくに把握しているはずなのに。ラウンドの終了後、コーナーへ帰るイノキにアリがつめ寄ろうとすると、セコンドの山本小鉄が拳をかまえて立ちはだかり、アリが「何だコイツは……」といった怪訝《けげん》そうな表情で見返しながらコーナーへ帰っていった。

途中で、番組のゲストである現在のアントニオ猪木が当日使用された四オンスの薄いグローブの恐怖について語り、試合前の最終ルールに明記されていなかった、四オンスのグローブ(通常のヘビー級ボクシングの試合で使用するのは十オンス)をアリが使用していることが視聴者に知らされた。この試合はメキシコ製の六オンスのグローブですからパンチを喰らったら危険ですよ……軽量級のボクシング試合の実況でよくそんな解説者の言葉を耳にしたが、四オンスは論外で、聞いたこともないサイズだった。それゆえ、アリのパンチを一発喰らったら目がつぶれる可能性はあった……と特別ゲストのアントニオ猪木が告白。

レスラーにとって圧倒的に不利な十五ラウンド制という形式を、いつのまにか当然のように納得して見てきているのだが、それに加えての非常識とも言える四オンスのグローブ使用を、よくもイノキ側、いやイノキが受け入れたものだと思いつつ、試合放棄をさせぬために何でも呑んでやるという、イノキのこの試合実現への必死の打ち込み方を、この段階で私はあらためて嚙みしめた。

ラウンドの合間にも、アリは立って闘えとイノキを挑発。立たないイノキへの苛立ちをつのらせているのが伝わってくる。

〔第3ラウンド〕

アリは、スタンディング・ポジション、スライディング、キック、グラウンドといううごきをくり返すイノキの疲労を待っているかのように、距離を保とうとする。意外だったのは、アリのセコンドの「下がれ!」「ロープに近づけ!」「動き回れ!」「安全な距離を開けてうしろへ下がれ」「ロープを背に回避しろ」「ロープ、ロープ!」などの声に、正確に反応してうごいていたアリが、いきなりセコンドに「Shut up! 黙れ！」「Let me fight on mind 好きに闘わせろ」と怒鳴り返したことだった。うまくことがはこばない苛立ちをつのらせているのが伝わってくる態度だ。やはり、踏み込んでパンチを打つリスクを感じているのだろう。イノキのキックが、アリの膝のうらに当たり始める。アリは、まるで効いていないというポーズでアリ・ダンス。ただ、ながくはつづかず、距離をたしかめるように両手でロープをつかむ。アリは、あくまで左のパンチ一発で決めるかまえのようだ。

アリのポーズとは裏腹に、セコンド陣の焦りの様子が見えはじめる。

〔第4ラウンド〕

イノキのフェイント気味のハイキックが空を切り、〝8ラウンドKO〟を予告したはずのアリが「疲れてきたな、あと十ラウンドもあるぞ」と、まるで十五ラウンド闘いつづけるつもりであるかのような挑発。コーナーに追いつめたイノキが蹴りを連発すると、両手でロープをつかんで宙に両足を浮かせ、上からイノキの足を踏みつけるように蹴りはじめたアリ。イノキはこれを機に足がらみを狙うが、レフェリーが必死で割って入り不発。アリはしきりに「疲れてきたな」とイノキを挑発。イノキが疲れて、グラウンドの姿勢を保てなくなり、防禦が甘いまま立ったところへ一発、という目算なのだろう。

アリが突然ワザへの抗議をはじめて口にした。「キックは禁止だと思ってた」と文句を言い、イノキのキックにクレームをつけはじめる。もちろん、足の甲によるキック自体はみとめられているのだが、これも観客を意識してのことなのだろう。そして、「男らしく立って闘え」と挑発。あるいは、イノキの心理を何とかくずそうとの魂胆か。両者が立って向かい合うと即座に、アリのセコンドから「パンチだ！」「KOしろ」の声がとぶ。「寝たまま、女みたいだ」と抗議しつつも、イノキの変わらないうごきや反応への焦りをあらわしはじめているようだ。

アリは、「キックは禁止だ」「キックは禁止だ」と、観客にうったえるように連呼。

〔第5ラウンド〕

アリの膝の横が、赤い色をおびてくる。イノキの回し蹴りで、アリがダウン。イノキのうごきが躍動的になり、スタンディング、スライディング、キック、グラウンド、スタンディングのくり返しのうごきが速くなる。すると、アリのファンから「アリ！」「アリ！」の連呼が生じ、アリは右拳を上げてそれをうながすポーズ。

アリ・コールの連呼とアリのうながすポーズは、アリのボクシング・シーンでお馴染みだ。そんなアリ色が、ここで初めて生じた。

私は、アリをもっともプロレスラー的なボクサーだと思ってはいたのだが、ここまでのイノキとの展開の中で、アリはたしかに終始プロレス的印象だ。これに対しイノキは、イノキ的ではあっても、プロレスラー的イメージをいっさい発していない。これは特別な試合だという意識から生じていることにちがいない。自分好みのプロレス的挑発をつづけてきたアリが、挑発というよりうったえるような叫びになり、アリ・コールが起こり、アリが拳でこれをうながす。ようやく、アリらしいシーンがつづく。

これに対してイノキは、何らかの行為が反則と取られ、それをきっかけにアリに試合放棄をされることを、用心深く注意しながらキックを放ち、水を打ったように表情をくずさぬまま、同じうごきをさまざまなスピードの変化をつけてくり返している。フェイントをかけたようなイノキの回し蹴りが、着実にヒットする。アリは、おそらくジョージ・フォアマン戦と同じように、イノキの疲れを待って、一発で仕止めるつもりなのだろう。その緊迫感は、四十年前に私が正確に感じ取ることのできなかったものにちがいなかった。ボクサーとレスラーの闘いという観点で、イノキにタックルできっかけをつくれば……という忠告は、おそらく相手がアリである以上、通用しないはずだ。

イノキのスタンディング・ポジションが多くなり、キックの命中率も高まるが、アリは一瞬の時を待っているかのように、踏み込んだパンチを出さない。一発必中のパンチのタイミングを狙っているようだ。ボクサーとしての自分の能力を知る、アリの自信が不気味だ。アリが、イノキの足首を両手でつかんだところでゴング。

## 2　幻妙な真空状態

〔第6ラウンド〕

イノキのキックがヒット。アリ陣営から「倒せ、倒せ」の声。イノキの蹴りが決まると、アリは余裕のアリ・ダンスを見せるが、これがポーズめいて映るようになった。アリが、左膝をグローブでガードするようなかまえを見せる。打たれつづけては危険だという意識のあらわれなのだろう。イノキの上半身の小刻みなうごきが目立つ。イノキのキックが炸裂すると、アリはその足をつかんでロープ際へ。だが、アリが足をつかむと同時にイノキはアリの足首をつかんだまま、体を回転させてアリの膝をリングに落とし、うしろ向きにアリの体の上に乗るかたちとなる。イノキに、絶好のチャンス到来のけはい。アリは必死でロープをつかむ。

アリの体がロープに触れていたので、即座にレフェリーが割って入りブレーク。ブレーク直前、イノキはアリの顔面に肘打ちを落とす。これにアリのセコンドが猛抗議し、レフェリーがイノキに反則を注意する。たしかに、肘打ちは禁じられているのだ。アリがロープに片足をかけ、レフェリーに注意をするようにうながしつつ、〝俺はやる気を失ったから帰っちゃうぞ〟というポーズ。

ふたたび両者がリング中央へ……イノキがコーナーへ追いつめると、アリは両手でロープをつかみ、イノキの足へキックを放つが効力は感じられない。そして両者の間隔があいたとき、なぜかイノキの顔に微笑が……イノキのプロレスラーらしい表情を、この試合で初めて見た感じだ。アリは、あきらかに無口となり、左のパンチ一発で仕止めるかまえに入ったけはいだ。アリの陣営の誰かが「やめたらどうだ」と聞き、アリが「いや、俺はやる」と答えたという情報が、アナウンサーから伝えられる。その瞬間、アリの左のパンチが初めてイノキの頬に近いあたりをとらえた。場内に戦慄《せんりつ》がはしる。さすがだ。二発目もかるくヒットする。次の瞬間、イノキのキックがクリーンヒットし、アリがダウン。もう一発ヒットし、アリが踏みこたえる。アリがフットワークを使うが、それは膝の硬直をやわらげるためのように映る。

コーナーへ帰ったアリの膝のうらが腫れ上がっている様子が、画面にアップされる。このラウンドで、アリのパンチがかすめた程度であれヒットしたが、アリにペースをわたさぬためとはいえ、パンチを受けたにもかかわらず、その直後のイノキのアグレッシブな攻撃ぶりに、アリは微妙にたじろいだのではなかろうか。

当時、イノキ一辺倒で見た試合を、その結果を知った上でいま四十年ぶりに見直しているのだが、そんな中で自分がアリのファンでもあることに思い至ったりもする。アリの次の防衛戦までの二カ月という期間を考慮すれば、こんなダメージを受けたまま十五ラウンドも闘いつづける必要もなく、途中で試合放棄しても無理矢理の面目は立つなどと考えかけたが、アリという特別な存在の心の中はのぞくことができないというところへ落着する。アリ陣営からの「もうやめるか」が、アリの心にとどかなかったくらいなのだ。イノキにとっては、何の理由であれ試合を放棄されてはならない。

イノキががんじがらめのルールで闘っていることを、もっともよく知っているのはアリであるはずだ。したがって、イノキがスライディング・キックに活路を見出すことは、アリの想定内であったかもしれない。しかし、グラウンドとスライディング・キックを、これほどの時間くり出して、攻撃の姿勢がくずれないイノキのアグレッシブ性とスタミナに、アリは苛立ちたじろぎつつ感服しはじめたのではなかったか。

第6ラウンドに、ロープ際でイノキにのしかかられ、肘打ちの攻撃を受けたときが、アリがレフェリーにイノキの反則負けをアピールするチャンスだったかもしれない。実際、あれはアリにとって最大の危機だった。逆に言えば、イノキにとっては最大の勝機だった。そして、アリはその最大の危機を脱し、イノキは最大の勝機を逸した。あのシーンで、イノキはなぜ強引にアリを仕止めにいかなかったのかについては、当のイノキ自身が今になっても首をかしげるところであるようだ。

ただ、あのシーンで一瞬の肘打ちによって仕止めるということは、反則負けを承知でアリの顔面あるいは脇腹を破壊することにつながってしまう。その反則負けは、プロレスラーとしてはとくに恥じるものではなく、プロレスラーの強さの証明にはつながったはずなのだ。プロレス・ファンの一部にも、そのシーンは歓迎されることだろう。だが、ツメが甘かったというより、イノキにはそれができなかった。その理由も謎というところなのだろうが、お互いに背負うバックグラウンド、つまりアリにとってのボクシングとイノキにとってのプロレスという世界の重さゆえ……という考え方も成り立つかもしれない。

ただ、むしろあの瞬間からお互いの背負うバックグラウンドが消えて、個対個の闘いとなったのではなかろうか……というのが、そのあとの両者のありようを観察したあげく、私の中に引きずり出された仮説なのである。あのシーンのあと、アリは肘打ちに抗議するジェスチュアを示したが、それは観客にアピールする大袈裟なポーズをふくんだものではなく、イノキに向かっての静かな牽制という感じだったのだ。

当初から、アリにとってイノキとの対立軸をどのように設定するかは大きな課題であり、まずは世界に冠たるスーパースター対極東における世界的には無名にひとしい一介のプロレスラーという構図を考えた。しかし、それはあきらかに〝強者〟の立場に立って〝弱者〟と闘うことを意味する構図であり、黒人への差別に抵抗しつづけ、〝弱者〟の救済を標榜するアリらしからぬ姿勢だ。やがて、〝ペリカン〟などと揶揄して、ジョー・フレイジャーに対したときと同じ〝美〟対〝醜〟を設定しようとしたが、そのことによるイノキの動揺を生むことはできず、それも不発に終った。

それはおそらく、ニューヨークのホテルでの場面における、アントニオ猪木の存在感を見とどけたためではなかったか。私は、外国の空港内を歩く姿、ホテルのロビーを歩く姿などから、リング上とはまったく別のイノキの存在感を何度も感じ取っている。二度目の〝パキスタン遠征〟にさそわれて同行したとき、まず到着したペシャワール空港に集まっていた現地の人々が、ロビーから外へ出て来る外国人レスラーたちをふくむ一行の中で、イノキだけを目で追っていることに気づいた。そんな存在感のありようは、日本という土壌の中ではその知名度と並はずれた体格のせいということにもなろうが、イノキよりはるかにいかついアメリカ人レスラーたちの中に混じって歩くイノキだけを、物見遊山で空港につめかけた何の情報も持たぬ現地の人々の目が追っている……それは、知名度や情報を抜きにした、イノキの正味の存在感を証明するシーンだった。

〝ペリカン〟というイノキの綽名をあみ出して悦に入っていた様子のアリが、〝美〟と〝醜〟という対立軸を途中から引っ込めたのは、そんなイノキの人をさそう得も言われぬ意外な雰囲気を、ニューヨークのホテル内のセレモニーの場において体感したゆえのことではなかろうか。

試合前のコメントでは、イノキに対して〝世界で一番強いプロレスラー〟という形容を向け、〝その相手と闘うことができるのは光栄だ〟と、ありきたりのリップサービスをもてあそんだりしている。私は、この常套句のようなアリらしからぬコメントは、あきらかにアリのイノキに対するイメージの混乱のあらわれであろうと感じたものだった。

そのあとのイノキ陣営との水面下でのせめぎ合い、イノキの激しすぎるスパーリングにおける攻撃ぶり、力関係によって押し切ったイノキにとってがんじがらめのルールの設定過程……それらの時間の中でも、アリのイノキへの対立軸は描ききれず、イノキ側にエキジビジョン・マッチを行なう気がいっさいないと知った状態のまま、ついに試合のゴングが鳴ってしまった。

最初は、プロレス的表現やポーズでイノキのプロレスラー性をさそい出そうとしたか、あるいはプロレスラー的パフォーマンスならプロレス先進国たる本場のプロレスに馴染んでいる自分の方が上であることを示そうとしたか、アリはしきりにプロレス的表情をあらわしていた。だが、イノキは不気味な無表情で、愚直なまでにルールにのっとったスライディングしてのキックあるいはグラウンドからのキックにこだわりつづけた。

しかも、グラウンドとスタンディングの連動による疲労が、イノキにあらわれぬこと、打たれつづけた膝のダメージが徐々に蓄積されてゆくこと、踏み込んで打とうとすればその足を着実にとらえるイノキの戦闘能力など……試合前には想像していなかった事態を収拾する手だてが見つからない。このがんじがらめのルールの範囲内でも、イノキは自分に勝つつもりでいる……そんなイノキの闘い方に、アリは不気味さをおぼえたのではなかろうか。

しかしアリにも、一発のパンチさえクリーン・ヒットさせれば、瞬時に自分の名誉は保たれるという自信が確固としてあり、ひたすらそのチャンスを狙いつづけていた。

そんな闘いの中で、不用意に足を取ったことにつけ込まれ、イノキに上に乗られる体勢となった。両腕を必死でイノキの胴に回したアリの形相に、初めて恐怖のかげが生じていた。両腕を相手の胴に回しているため、顔面は無防備の状態となる。イノキは、アリの上に乗せた体を微妙にひねり、肘打ちのかまえをとった。このあとの何億分の一秒といったような時間のなかで、両者のあいだに誰も立ち入ることのできぬ幻妙な真空状態が生じていたのではないだろうか。

そこでイノキは、思い切った肘打ちを落とすことをしなかった。アリは、顔面をカバーできぬまま、そんなイノキを訝《いぶか》った。そこでロープ・ブレイクとなり、イノキが惜しいチャンスを失った……そんな意識のながれの中で、ようやく現実の時間がもどった。

〔第7ラウンド〕

開始前、イノキが初めてコーナーからアリに向かい「Come on!」と叫び、アリが「Much harder もっとかかってこい」と応じる。これは、フォアマン戦での挑発とかさなり、もっと攻めてもっと疲れろというさそいなのだろう。

アリが〝8ラウンドKO〟を宣言していたことが画面で告げられる。その第8ラウンドの開始直前、アリではなくアリのセコンドがイノキのコーナーへ行き、イノキの靴先にテープを貼るよう注文をつけ、レフェリーも同意した様子。休憩時間を長引かせるためか、イノキのキックを牽制するためか。アリ陣営が時間かせぎの策を弄しはじめた。「途中で試合を止めて帰ってもいいんだぞ」というアリ側と、アリの時間かせぎにクレームをつけるより、レフェリーの指示にしたがって靴先にテープを貼るしかないイノキの力関係が、くっきりとする場面のように映った。そのため一分のインターバルが二分半を超えた。その間にアリは、足をマッサージ。

〔第8ラウンド〕

開始早々、イノキの蹴りに、アリが膝を突く。だが、すぐに立ち上がり、カモン！のジェスチュアでファイティング・ポーズ。さすがだ。レフェリーが試合を中断すると、アリのコーナーからテープが投げられ、イノキの靴先にふたたびテーピング。これがもう一度。さすがにしらけをあらわすイノキの表情。それでも集中力を切らさぬイノキのキックがヒットすると、アリ・ダンスの仕種。顔をよこにふり、効いてないぜ……の表情。ゴング間際、まったく何でもない……と伝えるアリ。ここまで蹴りが当っても倒れないアリに、観客の反応を強く感じているであろうイノキも焦りを見せはじめる。アリがステップ・ワークを使いはじめる。アリ・コール。またもや、アリのボクシング・シーンが生じる。だが、何となく打ち合いを避けるためのアウト・ボクシング的なステップのように映り、イノキに近づくけはいがない。焦ったイノキが近づくところへ一発……という目算か。イノキの強烈なキックが炸裂、アリがぐらつきよろめく。

四十年前は、このへんでイノキがアリを仕止めるメドがついたな、と感じたことを思い出した。ただ、リング中央でバックドロップを狙えるルールではないわけで、アリが手をのばせばすぐにロープをつかむことができる。そうなるとこのルールの範囲内では、やはりアリが戦意を喪失するまで、左膝を蹴りつづけるしかないのか。

イノキのキックがアリの顎のあたりをとらえ、アリが抗議。これはルール上は反則。そのあと、試合中にレフェリーが両者をコーナーに分け、アリのコーナーからテープが投げられると、それをイノキの靴先に貼るよう指示。試合を止めてまでも……アリ陣営の焦りとともに、レフェリーの公平性に疑念が生じたのは、いささかイノキの側に立ちすぎる見方か。イノキ、苛立ちを見せる。イノキは、スタンディング・ポジションが多くなる。そろそろ決めどきをつくらねばならぬという気のはやりか。イノキの強烈なキックに、アリは「No problem」と首をふり〝効いてないぜ〟のジェスチュア。

ゴングがなると、アリは「It's nothing! 何でもない」と両手で宙を払うジェスチュア、イノキはコーナーへもどるとき、アリの左膝へダメージを検分するような目を注いでいた。例の極小の針の穴に極細の糸を通そうとする職人のごとき目だ。

〔第9ラウンド〕

アリ、顎を示してここを打ってこいというジェスチュア。何とかスタンディング・ポジションをとらせて近づかせ、左のパンチをくり出したいところか。アリ、足をつかってステップを踏む。こんなにうごけるというジェスチュアと、イノキを立たせつづけようといううさそいが入り混じる。イノキのキックで、アリが大きくのけぞりよろめいて、ロープをつかむ。それでも、アリはステップをつづける。

イノキのスタンディング・ポジションが多くなり、これはアリの術中にはまると見せてスライディング・キックの効力を高めるかまえなのか。グラウンドばかりのうごきに、観客が苛立ちをつのらせていることを感じ取っての、プロレスラーらしい反応なのか。

イノキのキックが左膝にヒットすると、アリはわざとのようにステップを踏み、自分らしいうごきがまだまだできるとばかりのアピール。ただ、無駄なパンチは出さず、一発の左ジャブかストレートを狙っている様子。

ゴングが鳴ったが、イノキに対する挑発のポーズをせず、そのままコーナーへ。足がうごくのはたしかだが、ダメージもかなりある様子。それでも、アリ・ダンス的なうごきを見せる。アリらしいプライドが見える。

〔第10ラウンド〕

アリが、しきりにイノキの足を蹴りはじめる。あれだけ数多のキックを出したイノキの足にも、ダメージがあるとの狙いか。あるいは、蹴られたら蹴り返すという本能ゆえか。足を蹴りつづけるイノキは汚ないが、試合が終わるまでは足は大丈夫だろう……そんなアリ陣営のコメントが伝えられる。

一瞬、アリの左ジャブがイノキの顔の横あたりをかすめた。観客のどよめき。この試合で、二度目に見たアリの恐怖だ。このノーモーションのパンチはやはり、価千金だ。しかし、クリーン・ヒットはしなかった。それでも、イノキはかすかにぐらついて、腰をおとした。アリの目が、イノキのテンプルあたりを直視している。この試合で初めて見せた、狙うプロの目だ。イノキは、パンチを放たれてもひるむことなく、逆に間合いをつめてゆく。アリにとっては、近い距離のパンチで仕止めそこなえば、それはそのまま自分の窮地となる。イノキの目に、獲物を狙う鷹のような、プロレスラーらしい色が出はじめる。フェイントのような左ジャブを、イノキが見切る。

イノキの蹴りで、ロープ際のアリが倒れかけ、イノキがタックルを決め、もつれ込むようにアリのボディを両手でつかむが、ロープブレイク。このルールの中でのアリという稀代の天才との闘い方として、ボクサーに対するレスラーの常套手段たるタックルの敢行は、現実的に不可能と感じられる。イノキがラッシュ。勝負どきと見たか。アリのイノキへの足蹴りが、逆にレフェリーから反則のチェックを受ける。

このラウンドから、アリはイノキにスタンディング・ポジションをとらせるように、パンチをかまえたままあえて近い距離をとりはじめ、イノキはそれにさそわれるようにあえてスタンディング・ポジションをとって、キックの威力を増してゆく。イノキが、多少うごきが遅くなっているアリに、近距離のスタンディング・ポジションからのタックルを敢行して活路を見出そうとしている様子も見える。しかし、それがもっとも危険な賭けなのだ。アリが、タックルの出ばなを狙うアッパーカットを練習していたという記事が、ちらりと頭に浮かんだ。

アリとイノキの双方とも、その表情に一級品性をあらわしはじめた。

〔第11ラウンド〕
ロープ際のアリに、リング中央へ出ろとアピールするイノキ。アリは、左膝へのキックとボディへのタックルの両方にそなえなければならなくなった。アリのうごきが鈍くなる。アリがイノキの足を取り、足首をひねるが、途中で放り出すようにやめる。アリは蹴られると、足を取ってしまい、危険を感じてはなれることをくり返す。アリはロープを背にしたポジションにこだわり、リング中央でかまえることが少なくなった。アリ陣営から「Ali Technique!」の声。たしかにアリは、テクニックを失念しているかのようなうごきに見える。アリは、まったく無口になっている。
ゴングが鳴ると、アリはロープを片手でつかみながらコーナーへもどった。

〔第12ラウンド〕

アリ、イノキのキックを手で払うようなかたち。イノキが、スタンディング・ポジションで距離をつめているが、少し危険のような。一発のパンチを狙うアリの目が画面にアップされ、パンチの職人の冷徹な色をおびた。アリは、左のパンチをヒットするためには、左足を前に出すことをやめられない。そういえば、左膝を蹴られつづけるアリが、サウスポーのポーズで右足を前に変えてかまえることは一度もなかった。プライドゆえか。アリ、久しぶりにイノキを嘲笑する表情。しかし、パンチは打てない。イノキ、スタミナを誇示するように、ステップを踏み、体を左右にふって、的をしぼって狙う目に。イノキのキックは次々にヒットするが、アリは相手をののしるでもなく、受けつづける。

イノキ、自信ゆえかかなり距離が近くなり、危険な感じ。

終了のゴングが鳴りコーナーへ帰ると、アリ陣営が「ただ下がってろ、お前は立派にやっている、膝に注意しろ」と指示したと字幕に出る。アリは、アリ陣営のそんな指示通りにうごいているのか。

〔第13ラウンド〕

イノキは、「カマン！」のジェスチュアでさそうが、アリはやる気なさそうなポーズで距離をとる。イノキ、タックルを決めるがコーナーでブレイク。イノキのタックルは、アリがそれを警戒していることを読んだ上での、キックにつなげるプレッシャーぶくみの方策と映る。お互いの体をかかえ合う状態になるが、意外にきれいに離れた。リング中央でかまえるアリに、セコンドから「ロープに下がれ！」の指示。アリがロープを背にしてかまえれば、イノキにタックルされても組みつかれても、うしろへ手をのばせばロープをつかむことができるのだ。

イノキふたたびタックル、ようやくタイミングをつかみ始め、アリのうごきはさらに鈍くなった様子。アリはロープをつかみ、イノキの頭をかかえ込んでコーナーへ。そこへイノキが急所へ膝打ちを放ち、アリが抗議し、レフェリーがイノキに注意する。この急所打ちは、大して効いていない感じ。仕止めようとしたというより、むしろ空気を打開するためのイノキらしいデモンストレーション的アクションではなかったか。あるいは一瞬、反則負けでも仕方がない……とイノキが心を決めたのか。いや、肘打ちの反則負けはあっても金的の反則負けはあり得まい。

アリ、やってられない……のポーズで自軍コーナーへ下がる。アリ、レフェリーに説得されるが、いったん片足をロープの外へ出すふてくされたポーズ。レフェリーが説得をつづける。リング中央で向かい合うと、アリが片膝を上げ、急所打ちは反則だ……という感じのアピール。イノキ、意に介せずスタンディング・ポジションからの膝へのキック。距離がつかめている。アリが左ジャブを放ち、イノキがブロック。もう一発、アリの左ジャブ。しかし、イノキの前進姿勢は変わらない。

〔第14ラウンド〕

両者、スタンディングでの睨み合いがつづいたが、イノキがスライディング・キック。アリは、両手を広げ、何も効いていないのポーズ。アリ、ボクシング試合でもよく見せる左手を突き出して距離を計るかまえ。アリ・コーナーから「アリ、あきらめるな」の声。アリがイノキに対し「英語で喋れ」と挑発、イノキのキックが空を切ると「外したな、どうした」という表情。前半戦のようなアリらしい表情がふたたびあらわれはじめた。

アリは、イノキのスタミナに驚嘆し、イノキはアリの忍耐強さに舌を巻いている感じが伝わってくる。イノキ、中央へ出ないアリに注意しろと、レフェリーに指示。それに対してアリが「俺はボクシングのスターだ」と叫んだ意味は何なのか。蹴ってばかりいる奴なんかとまともに向き合えるか……ということか。イノキが「カマン！」と叫ぶ回数がふえる。アリは、「もっと来い！」とイノキのキックを挑発するが、セコンドからは「うごきつづけろ」と声が飛ぶ。

アリが、うごきを止め、イノキもうごきを止めた、その瞬間、アリの左ジャブがヒット。効いた感じ。ゴング。

〔第15ラウンド〕

ゴングが鳴るや、イノキはアリに向かって両手を上げてアピール、アリも両手を広げてこれに応じる。睨み合いのあと、イノキがキックをヒットさせる。だが、このヒットをいくらつづけても、イノキの勝利にはむすびつかないのを、観客もすでに感じているようで、会場はキックのヒットではもはや沸かない。何しろ、最終ラウンドなのである。観客は、試合前にそれぞれ期待していた〝何か〟を失っている雰囲気。ここから先にドラマチックな場面が生じることを、すでにあきらめているといった状態だった。イノキ、顔を左右に大きくふってからスライディング・キック。イノキが飛び込む動作を見せ、ちょっと躊躇して引こうとすると、アリの左ジャブが飛び、かろうじて空を切った。イノキが、必死の形相になっている。観客の不満を肌で感じつつ闘っているのにちがいない。

プロレスラーの業《さが》としても、観客を納得させていないのを肌で感じ、苛立っている様子。イノキがキックを放ったところで、ゴング。

瞬間、観客の嘆息がふくれ上がりあきらかな不満の声が自然にあがった。アリがコーナーへもどる前に右手をイノキにさし出し、イノキは残念そうに両手ではたく仕種をし、苦渋の表情で握手をしたあとコーナーへもどろうとした。だが、アリは右手を離さぬままイノキを引き寄せ、左手をイノキの首に回し、「このやろう」という感じをあらわして右の拳でイノキの腹を突く仕種をしながら、ハグを交わし、かすかな笑みを浮かべて何かをささやいた。イノキは、屈託の表情でこれにうなずいた。何とも言えぬ、両者の微笑みだった。

## 3　特権的孤独感

お互いに誰も満足できない試合をしちまったなあ……そんな屈折したエールのようにも映った。観客の不満を二人で受け止めよう……二人の抱擁とささやきの意味を、いま私はそんなふうに解読することにした。二人にとってこの引き分けは、大相撲の言葉にある〝同体〟、つまり一体化という意味であったにちがいないのである。イノキは、アリをなぐさめるように、右手でアリの腕を叩き、両サイドに別れた。

あと一歩踏み込めなかったなあ……と、カール・ゴッチに話すイノキに、かすかな笑みが。カール・ゴッチは微笑気味にその言葉を受け止めているようだったが、試合中にゴッチから飛んだ言葉に、ふつうのプロレスを超える何かを感じることはできず、ただ、引き寄せて倒せ……といった声しかなかったのだが。一方のアリとても同様で、セコンド陣は励ましに似た声をかけるだけだった。その意味でも、二人は観客からも、セコンドからも孤立し、孤独な闘いをつづけたということになるだろう。

イノキとの試合の結果、アリはイノキの左膝への蹴りの連打によって血栓症という重病を負って入院し、二カ月後のタイトル・マッチの延期に追い込まれた。世界のアリ・ファンには、極東のプロレスラーなんかと何の意味もない試合をしたからだと責められたことだろう。

一方、イノキは自ら放った六十四発の蹴りにより右足甲剝離骨折を負った上、プロレス・ファンから、プロレスラーの凄みを示すことができなかったことに対する轟々《ごうごう》たるバッシングを浴びることになる。そしてマスコミはわが意を得たりと勝ちほこり、〝世間〟の視座に立ちもどって、力道山対木村政彦戦と同じように上から目線の嘲笑的記事を書くにちがいない……両者の最後のシーンのあらわす意味を探りながらも、私は四十年前と同じようにそんなことを思ったものだった。試合後の当時の反応は、予想通りのものとなった。そして、そのことを百も承知の上で、幻の星とも言える相手を追いつづけ、追いつめて試合を実現させたあげく、起死回生の一発勝負に出たのだから、イノキもまたそのツケは甘んじて受けざるを得なかったのだろう。

だが、四十年ぶりにこの試合をたどり直して、別な感慨がわいた。その第一は、四十年前の自分が、イノキの側に立って見ているあまり、試合の密度や特殊な緊迫感を感じ取ることなく、自分の興味をひたすら勝ち負けにだけ向けて見ていたことから、かなりのシーンを見逃していたという気づきだった。

これは、試合結果を案じつつ見ていた四十年前と、試合結果を知った上での検証というかまえで見たことの大きな落差かもしれなかった。この試合のキーポイントとなった第6ラウンドの、アリが足を取ったあと、イノキがアリの体の上に乗り、顔面への肘打ちをおとすさいのイノキの瞬時の躊躇から、アリが何かを受け止めたかもしれぬというシーンを、自分なりに解読する余裕すらなかったのだから。

ただ、これは自分好みの解読であり、あの試合が一人の観客である私に与えた、四十年の歳月を必要とする試合の濃さである。ゆえに試合そのものの客観的な説得力あるいは評価とはかさならないだろう。だが、たった一人の観客に四十年にわたる濃密な謎を残したとすれば、それはあのイノキ対アリ戦という〃試合の生命力《ヴィンテージ》〃としての価値の証明でもあるのだろうと思った。

それよりも何よりも、プロレスラーなど一発のパンチで仕止められるというアリのプライドと、ボクサーなどプロレスの技で仕止めきれるというイノキの自信が、双方ともに失われた。アリが超一流のボクサーであることは周知のことだが、そのアリが狙いすましたパンチをヒットさせることができなかった十五ラウンドは、アリのファンにとっても、ボクシング関係者にとっても首をかしげるところだろう。この試合がエキジビジョン・マッチであるはずもないのだから、なおさらだ。

アリのバックグラウンドはボクシング、イノキのバックグラウンドはプロレス……と前述したが、プロレスラーとしてのイノキのバックグラウンドには、相撲もボクシングもキックボクシングもラグビーも野球も空手もアマチュアレスリングもない。中学生のときの砲丸投げと円盤投げでブラジルのNO1となった成績を脇におくならば、プロレスラーとしてのイノキのバックグラウンドには、何もないのだ。そして、何もないのがイノキの武器……と言えば単純な逆説めいてくるが、バックグラウンドを持たず、天性の闘魂と体力と運動能力、あるいは瞬発力や本能的反射神経をもとに、すさまじいトレーニングを積み、その果てに到達した稀有なるプロレスラーが、当時のイノキということになるのだ。

アリには、ボクシングという唯一にして贅沢すぎる天賦の才が、そのバックグラウンドにある。アリは、そのバックグラウンドたるボクシングへのプライドをもってイノキに対したのだが、イノキはがんじがらめのルールゆえにプロレスラーの技術では闘うことができず、天性の身体能力のすべてを動員してアリに対した。イノキにはルールのハンディがあったが、アリには何者と闘っていたかを絞り切れぬもどかしさがあったのではなかろうか。

そして、スタンディング・ポジション、スライディング・キック、グラウンドそしてまたスライディングといううごきをあれほどアグレッシブにつづけるイノキのスタミナを体感じているうち、ボクサーとしての展開など思いも及ばず、キックされるのを承知の上で左足を前に出してかまえ、左ジャブか左ストレート一発のクリーンヒットに賭けざるを得なくなった。アリ・ダンス的なステップとて、ボクサー相手なら翻弄できるが、グラウンドで蹴りを放つイノキに対しては攻撃的効果はなく、観客へのデモンストレーションでしかなくなっていた。

イノキはプロレスラーの強みを最大限に駆使して闘うことができず、アリはボクサーとしての天賦の才による一発のパンチで仕止めることができない。つまり、両者ともにバックグラウンドを脱ぎ捨てて闘わざるを得ないことに、リングで向かい合う中で気づいたと言ってよいかもしれないのだ。リング上にいたのは、イノキの天性とアリの天賦のみだった。イノキの「二人にしかわからない感じ」という言葉は、世界中のファンともマスコミとも自らの陣営ともかけはなれた、リング内の二人の特権的な孤独感の通じ合い、ということかもしれぬという気がする。

したがって、当時のこの試合がファンからもマスコミからも大バッシングを受けたのは当然のことだった。

ただ、その後のイノキとアリの交流をふくむ四十年の歳月のあと、アリの死によってよみがえったこの試合の再現放送を、十五ラウンド引分けという結果とそのあとの轟々たる非難、批判、糾弾を知った上でたどり直してみると、私の中にはイノキとアリという二人の、まったくちがう土壌における〝差別〟との闘いというキーワードがかさなって見えてきて、また新たなるものがたりが生じてきた。歳月は人の目を変える……というのは、少なくともこの試合に関する私の場合にはあてはまるのである。

そして、アリの死後における現在のアメリカから、黒人あるいは有色人種への差別がなくなったかといえば否、人種差別は依然として生きている。いや、白人至上主義の台頭など、有色人種への差別はアリの時代とは流儀を異にして次々と生じているけはいだ。

今もしボクサーとしてもブラック・パワーの旗手としても全盛期にあったアリが存在していたとして、大国を商人的センスで牛耳るトランプ政治に踏みつぶされる蟻であるにすぎぬのか。あるいは蟻の魔力によって何かが起こり得るのか。アリという比類なきアジテーターが存在しない以上、その想像もいささか虚しいのだが。

そして、日本という土壌に目を向けるならば、プロレスへの差別など古めかしいものがたりだという見方もあろうが、プロレスへの差別をさそい出すほどの突出力あるいは起爆力を有する存在がいなくなったとも言えるのだ。差別はとかく〝世間〟の中で眠っているように見えるのだが、その秩序への反乱を起こす刺激的存在があらわれれば、たちまちむくむくと頭をもたげるはずなのだ。アリが、顕在する差別と黒人に内面化された差別を相手に闘ってきたのに対し、イノキは自らの闘いによって〝世間〟が内に隠し持つ差別の本音を炙り出すことに意味を見出してきた……とも言えそうだ。

さらに人間は本来、差別が好きであるという厄介がからんできて、その差別感は私自身の中にも菌のごとくひそんでいるにちがいない。要するに、エルドリッジ・クリーヴァーが言うところの、白人のピンナップガールの写真を壁に貼る黒人の体内に息づく差別の混乱は、他人事ではなく誰もがかかえていることになるのだ。したがって、プロレスへの差別とのイノキの闘いは、自分自身の中にある差別の菌を暴き出すことをともなっていたわけである。イノキの雄叫びのひとつである「バカヤロー！」は、自分の中にうごめく菌にも向けられているのではなかろうか。

ただ、分かりにくいその菌の息づきを闘いを通してさそい出す存在を、現実の中に探そうとしても見あたらぬという堂々めぐり。天気晴朗にして波もまた静か……といった一見平穏に見えるご時世であるのもおそろしい。

さて、四十年前のイノキ対アリ戦は、アリのボクシングの公式戦績からは、当然のごとく抹消されている。そしてイノキは、イノキ対アリ戦というプレゼントともいうごとき宝物を最大限に活用し、その後の自らのプロレスに〝異種格闘技戦〟を導入して活路を見出し、大バッシングと大借金というどん底からの回生を実現させ、その存在感を拡大していった。アリ戦以後に、イノキの第何幕目かがあいたのはたしかなことだった。

一見、アリにとってイノキ戦は意味を持たず、イノキの人生にとってのみ、イノキ対アリ戦が重大なバネとなって生きたけしきであるかのようである。だが、その後のイノキとアリの関係を仔細に見てゆくと、やはり両者のあいだに一本の糸が繫がっていると汲み取ることができるのだ。

両者のあいだに点線のような幻の糸が見えるという感触は、四十年ぶりに再現されたイノキ対アリ戦のいくつかの場面からその証明のような香りを伝えてくる。「二人にしかわからない感じ」という、当時は言い訳めいた意味合いで伝わったであろうイノキの言葉を、アリもまた共有していたにちがいない。

しかしながら、その「二人にしかわからない感じ」の真っ芯にある意味が、〝リング外の者〟である私にくっきりと見てとれたわけではない。言ってみれば試合の再現番組からの、私の勝手な想像の域を出るものではないだろう。四十年たってこの試合を検分した私は、この試合は少なくとも、〝お互い相手を恐れて守りだけの世界〟でも〝格闘技そっちのけの試合〟でも〝保身の十五ラウンド〟でもなかったことは目と心に灼きつけられた。その私の体感は他人には伝わらないかもしれないが、個人的体感は誰にも否定できぬのだ。

謎は謎のまま愉しみつづけたい……そんなプロレス・ファンの流儀あるいは業《さが》ということであるのかもしれず、〝リングの中〟にいた二人の特権的孤独感の対岸で、〝過激に見る者〟は〝過激に闘う者〟と互角であるという自説をかみしめつつ、〝リングの外〟にいる者の特権的孤独感とともに、自分流の幻想と意識のよこばいを道連れとして、酔狂なものがたりを紡ぐいとなみの悦楽もまた、捨てたものではないのである。

北朝鮮で行われた
「平和のための平壌国際スポーツ文化祭典」で
リック・フレアーと闘うアントニオ猪木
1995年（共同通信社提供）

# エピローグ
# 北朝鮮のアリとイノキ

## 1　生《なま》のモハメド・アリ

数秒前から、人の歩く靴音とともに近づいてくるシャリ、シャリとも、カシャ、カシャともつかぬ得体の知れぬ音に気をとられていた。金属音と騒音が入りまじるようなその音は、ゆっくりと私の背後に迫ってくる。私は、その異様なけはいへの緊張からか、ふり向いて音の主をたしかめることもできず、人と音が自分を追い越してゆくのをじっと待って、そこに立ちつくしていた。

音の主が、私のすぐうしろでいったん立ちどまり、そのあとスローモーション画像のごときうごきとともに、ゆっくりと私の左脇を追い越していった。私は、姿勢を変えることなく、靴音の主の横顔をそっと盗み見た。男は、背が高い黒人で黒いシャツにグレーのパンツ姿。男が、ブリーフケース片手にポータブル・デッキのようなものを持ちそこにつながるイヤフォンを耳にさし込んでいたのを見て、得体の知れぬ音が、そのイヤフォンからもれてくる、ロック・ミュージックらしき旋律であることを、私はようやく理解した。

男は、イヤフォンから耳に伝わるリズムに合わせて、体を左右にゆらしているようにも見えるが、それにしてはそのうごきが微妙に心もとない感じがした。やがて、男のあたかも音楽のリズムに合わせているかのごときうごきが、不自由な体による小刻みな痙攣《けいれん》をさとられぬための、擬装ではないか……という思いが私をつつんだ。

アリ？　私の頭に男の名が浮かんだのは、男のうしろ姿がすでに私から少し離れたあたりを、人混みをぬいながら左右に体をゆらし、どこかへ向かって歩いている巨体の後ろ姿を見さだめたときだった。

モハメド・アリが、ボクサーとしての後半期に相手のパンチを受けつづける試合スタイルによるダメージもあって、重度のパーキンソン病を患っているというニュースを、私は何かで読んで知っていた。その、体の不自由さから生じる歩みを、イヤフォンからもれる音楽のリズムに合わせているかのごとく装うごきが、正確に言えば〝装って見せている〟感じが、私の頭にアリの名をみちびき出した。アリらしい装いだ……私は、根拠なくそう思ったのだった。すぐ脇をおそろしくゆるい速度で追い越して行く男を至近距離で目にしながら、その風貌をとっくに知っていた私が、にわかにアリと認定できなかったのは、かつてのさっそうたる風貌との落差のせいでもあったが、そんな病をもつアリが目の前にいるという事実を、にわかには信じられなかったせいでもあった。

アリは、東京駅構内の人群れの中を、イヤフォンからもれる音楽に合わせ、ボクサーのウィービングのように左右に体を傾けながら、その行先で待つ誰かを求めるかのように進んでいく。つき添うのは黒人の一人の男だけのようだった。

アリの前方の人群れが二つに割れ、その向こうから姿をあらわしたイノキが、「お！」

という驚きをふくんだ笑顔とともにアリに向かって手をさし出した。アリは、十九年前の〝世紀の凡戦〟と酷評された試合のリング上で、引分けの裁定が下された直後に、微妙な思いを秘めた笑顔で歩み寄ったときに似た表情で、イノキの肩に左手を回し右手でさし出された手を握った。

イノキの「お!」という表情は、国交のない北朝鮮へのアリの出国を拒絶していたアメリカ政府の壁を突き破って、よくアメリカを脱出できたなあ……という驚きの表情にちがいなかった。そしてそれは、あの十九年前の試合のあとのリング上で、特権的な孤独感を共有しつつ握手をしたときともかさなって見えたものだった。

アリが、重度のパーキンソン病をかかえながら、朝鮮アジア太平洋平和委員会と新日本プロレスが共催し、一九九五年の四月二十八日と二十九日の両日に行なわれた「平和のための平壌国際スポーツ文化祭典」の〝立会人〟としてアメリカ政府の大反対を押し切ってまで参加することなど、ふつうには考えられぬことだった。

その壁を突き破って本当にここへやって来てくれたのか……そんな心もようが、イノキの「お!」という笑顔にあらわれていたのもたしかだった。

そこに姿をあらわしたのが正真正銘のモハメド・アリであることを、ツアーに同行するためそこに集まっていた誰もが認識し、その風貌の変化を受け入れようとする一瞬のエネルギーを要したあと、その場には一気に熱気が生じた。私のとなりにいたK氏も、妙にそわそわしはじめた。

私とK氏とは、名古屋までの新幹線も、名古屋から平壌への飛行機も席が隣り合わせ、平壌での移動のハイヤーも同じ車、平壌のゲストハウス的な宿舎でも隣室という……この平壌の旅の道連れのような関係になった。私とは旧知の仲でもあったが、対照的な性格であるゆえか不思議に気が合うようなところがあった。何よりも、イノキという厄介で摩訶不思議な男の演じる毀誉褒貶《きよほうへん》かまびすしいさまざまな行動に、すべてを呑み込んで共鳴しようというかまえが、私たちの共通点だった。

あるとき、大阪でのイノキの試合の翌朝、同じホテルに宿泊したK氏をイノキに紹介されたのが初対面。午後に東京での仕事を予定していた私たちはホテルから同じタクシーに乗って新大阪駅へ急ぎ、新幹線の切符を買う余裕もないいまま、とりあえず「ひかり」の空いている自由席へならんで坐ることになった。

そこから東京までの二時間半、私たちはイノキという未確認物体のごとき存在について、あれやこれやと悪口ぶくみの取りとめもない言葉を交わし合い喋り合い、意気投合した。東京駅に近づいたことに気づくまで、ほぼ二時間半のあいだイノキに関する会話が途切れなかったのが不思議。俎上にあげたイノキを切り刻むようなやりとりに終止した二時間半だったが、その時間の中でお互いにイノキの理解者たらんとする自負があることだけは通じ合った。

〝理解者〟と言うからには、イノキはとかく理解されにくいという前提もまた私たちの共通認識だった。その理解されにくいところを自分なりに〝是〟として咀嚼する、イノキの勝手な〝味方〟気分をもっている者同士と、お互いを確認することができたのだった。

ただ、物書きの私と、大手芸能プロダクションの田辺エージェンシー副社長（現ケイダッシュ会長）である彼とは、仕事上のつき合いは皆無であり、その初対面から平壌への旅立ちの日まで、プロレスの試合会場ですれちがうくらいで、大阪からの新幹線以来ゆっくり顔を合わせたことはなかった。

指定された東京駅構内へやって来て、どうやら平壌行きのツアー御一行だろうという集団の中に、心もとない気分で混じっていた私は、その中にいたK氏と目が合ってようやく気持が落ち着いたのだった。

そのK氏がにわかにそわそわしているのは、やはりモハメド・アリのせいだった。そこにアリの姿があるという現実に、ツアーの人々も興奮し、あちこちでアリとの写真撮影が行なわれ始めた。そのけしきは、アリの伝説の余韻が依然として消えていないことを証明するものにちがいなかった。K氏は、いちはやくその列に加わってアリとのツーショットの撮影をすませて戻って来るや、そこにただ呆然と突っ立っている私を見て、苛立つようなけしかけるような感じで、

「あれ、何やってんの、アリと写真撮らないの！」

と性急に声を押し殺してささやいた。

私は、

「写真？　アリと？　ミーハーみたいに？」

「だってアリだよ、モハメド・アリ」

「分かってますよ」

「みんな写真撮ってるのに！」

「俺はいいんです」

「その痩せ我慢、どうせあとで後悔するから」

乗車口へ入るらしい雰囲気が生じはじめると、彼は私を誘導するように列にならんだ。どうやら、ツアー御一行のほとんどが、アリとのツーショットを撮ったようだった――。

新幹線に乗り、名古屋で降りた私たちは、用意されたバスで名古屋空港へ向かった。ロビーでしばらく待ったあと、私たちは搭乗口から専用機へと乗り込んだ。私とK氏は、イノキやアリの少しうしろから機内へ入り、奥の方の席へと歩いて行った。

機内には、平壌のイベントに参加するリック・フレアー、ホーク・ウォリアー、スコット・ノートン、スタイナー兄弟などの外国人レスラーや北斗晶、ブル中野、豊田真奈美、吉田万里子など顔を知る女子レスラーがすでに乗り込んでいた。

私は、前を行くアリに対するアメリカ人レスラーたちの、想像外の驚きの反応に強く気を引かれた。彼らは、アリの姿を、いったんは風景のようにやり過ごしたあと、すぐに「え!」という感じでふり返り、お互いに目を見交して奥の席を顎で示し、「たしか本物のアリだったよな」と確認し合っている感じだったのだ。

アメリカのプロレスラーにとって、国会議員となっているイノキはプロレスという同じ業界にある存在として胸におさめているものの、ボクシングWBA・WBCの元世界チャンピオンであり、数々の伝説を持つモハメド・アリの存在ははるか彼方に浮かぶ蜃気楼のごとき手のとどかぬ英雄であり、同じ飛行機に乗っているなどという現実のシーンが信じがたかったのだろう。彼らは、生《なま》のモハメド・アリを見た奇跡的残像への感動を、ささやくように呟《つぶや》いていた。私は、あらためてモハメド・アリという特別なスーパースターの巨きさを痛感した。そして、そのモハメド・アリが、十九年前の〝世紀の凡戦〟と揶揄された試合のあとに、イノキとのあいだに曲折のあげく繋げた絆としての糸のたしかさを思い知る気分にひたらされたものだった。

私たちが平壌空港に到着したのは、昼すぎであったという記憶が、おぼろげに残っている。私は、K氏とともに人群れにしたがって進んだあと、用意された黒塗りの車に乗り込んだ。今の私には、そんな漠然とした手応えが残っているだけである。やはり、北朝鮮という〝噂の国〟の土を踏んでどこかで緊張していたのだろう。

平壌空港から郊外にあるゲストハウス的な宿舎へ向かう車中の、この旅を通した私たちのための通訳兼ガイドであるというRさんの流暢《りゅうちょう》で愛嬌のある日本語に感服しながら、私は車の異常とも言えるスピードに気づき始めた。

途中で何度か土木工事らしい作業にいそしむ人の集まりが目に映ったが、その前を猛スピードで通り過ぎるため、仔細な情景がとらえられない。

工事現場が何のためのものでどこまで進んでいる状態なのか……それが何もつかめぬまま通り過ぎることへの違和感が、きわめて和気藹々《あいあい》たるハイヤーの中の雰囲気に馴染みかけた私の神経に、異空間を旅しているという微妙なかまえを生じさせた。

どんな基準で選ばれたかしれぬ私たち二人をふくむ十五、六人ほどが、巨大な敷地の中にあるゲストハウス的な宿舎へと案内された。イベント当日に試合をするプロレスラー、マスコミ陣、何らかのかたちでツアーに参加した人々……一行はそれぞれ指定された宿舎に分散しているのだろう。

イノキやアリには、また別の豪華な宿舎が選ばれたにちがいなかったが、K氏と私はとりあえず指定された、広い敷地の中にあるゲストハウス的な宿舎に泊まることになった。到着した当日は一室に集められてのかなり上等な食事のあと、K氏が私の部屋へやって来てしばらく雑談をした。どこかに〝盗聴〟という意識がわいていたのには、宿舎までの車の不可解ともいえるほどの猛スピードが影響していたのだろう。闊達《かったつ》に話すふうを見せながら、K氏もまた、微妙な膜が張られているような空気を意識して、言葉を選んでいたような気がする。

私もK氏も、北朝鮮の政府と連繋《れんけい》したイノキの主導によるイベントに参加するツアーのメンバーなのであり、身の危険を感じるという思いはとりあえずなかったし、担当通訳Rさんのやわらかい会話ぶりに気持をほぐされていたのもたしかだった。だが、北朝鮮という特殊な国に身をおいているという感覚には、旅の自由を満喫するのとはまるでちがった、どこか踏み応えのない気分がからんでいたのだ。

翌朝、私は持参したウォーキング・シューズを履き、食事前の散歩をすることにした。当時、腰痛をかかえていた私は、毎朝の散歩を治療がわりにしていたので、この旅でもそれをつづけることにしていたのだ。

私は、宿舎の玄関を出て、わざとらしく大きく手を広げてあからさまな深呼吸をしてから、きわめてかるい足どりを装いつつ広い庭園の中を歩いた。怪しまれないための工夫をして逆に怪しまれる……そんな私らしいありようだった。すると行く手に金網で囲まれた小屋のようなものがあり、夕食のときにRさんが話題にあげていた、「あしたは小屋で飼育している鶏の料理が出るでしょう、鶏料理はここの自慢ですよ」という言葉を私は思い出した。

あそこでそのための鶏を飼育しているのか……そんな気分で近づいた私を、前方にいた人物が遠くから穏やかに手で制した。そこからこっちへ近づいてはいけないという合図のようだった。私は、右手の指で丸をつくって剽軽《ひょうきん》な感じでOKの意思を示し、Uターンして玄関の方へ戻り、さっきとは逆の方向へかるい足どりで歩いていった。

宿舎内の庭園のそこかしこに置かれたベンチに、読書をしている人物の姿があった。彼らは一見、公園でよく見かけるようなのどかな風景をつくっているようだったが、読書に集中しているのとは微妙にちがう感触が伝わってきた。あちこちのベンチで読書をする人の姿勢が、すべて同じ絵のように感じられたのだ。人はそれぞれの癖をもち、本を読むときにもその癖が、姿勢や表情や仕種に出るはずだ。それを自然とするならば、目の前に次々とあらわれるけしきが、同じセンスの演技にいそしむ役者がつくる架空の構図のように感じられたものだった。

彼らからは、このゲストハウス的宿舎の客であり、何者とも知れぬ私の行動を、とりあえず注視していることを伝えるためだけに、そこに存在しているのであって、監視というほど大げさなものではなさそうだという感じが伝わってきた。しかし、あからさまな監視とはちがうその穏やかさが、私にはむしろ不気味だった。〝日本にもっとも近く、もっとも遠い国〟からかもし出される独特の匂いが、その穏やかさからけはいとして伝わってくるように感じられたのである。

そして、そんな神経が右往左往している私のありようとはかかわりなく、日本からの報道陣やアメリカ、フランス、ドイツ、ロシアからの約三万人のマスコミと観光ツアー客らが集うスポーツの祭典をもって平和への希求を平壌において表現しようという、イノキ主導による破天荒とも言える発想のもとに、「平和のための平壌国際スポーツ文化祭典」に向かってのスケジュールは、着実に進行していったのである。

## 2　平壌という異空間

アントニオ猪木の主導による「平和のための平壌国際スポーツ文化祭典」のイベントは、一九九五年四月二十八日と二十九日の両日行なわれた。その当日まで、このイベントをきっかけにさまざまな目的で平壌を体験しようとするツアーの面々は、それぞれのコースで北朝鮮の風景や街の雰囲気、あるいは工芸品展示場、演芸劇場などへ案内されるスケジュールをこなした。

この時期の北朝鮮は、前年七月に金日成《キムイルソン》主席が逝去し、金正日《キムジョンイル》書記はいまだ喪に服している……という時期だった。平壌は、それゆえのあからさまな緊迫の状況下にはなかった。

ただ、北朝鮮はやはり北朝鮮……といった日本人の平均的感覚を、私をふくめたツアーに参加した人々が心の底に秘めていたのはたしかだろう。理解しにくい異空間へのいささかのスリルをはらんだ旅という思いが、参加者の中には少なからずあったはずで、迎える側の対応には、その緊張をほぐしながら、北朝鮮の正当性を穏やかに伝えようというかまえが見えた。

車での移動のさいに猛スピードで工事現場を走り過ぎ、工事のありさまがつぶさに把握されぬ工夫や、ゲストハウス的宿舎の客に対する、あまり自由に歩き回らぬよう穏やかなチェックを伝えるソフトな監視などから、私の中に自分が強く監視されているのではなさそうだという安堵感とともに、無意識に埒を外した行動を取ることに対する自制心が、早くも宿っていた。

私は翌日から、日本のテレビ画面で見たことがあるような平壌の街のけしき、レストラン、デパートのにぎわい、それに地下鉄の構内および地下鉄車内などの見学コースを、ツアー一行とともに案内された。核攻撃に対するシェルターにもなるという地下鉄構内の堅牢な造りからは、やはり迫力を感じさせられた。だが、案内されたさまざまな場所に存在する〝一般の人々〟が、すべて〝一般の人々〟ではあり得ぬ存在として私の目には映った。彼らもやはり、ゲストハウス的宿舎の庭園のベンチで読書をする人物たちと同様、その役を演じて風景をつくっている俳優のように感じられたのだった。

レストランの従業員、地下鉄の乗客、屋台で民芸品のような物を売る女性……それらのすべてがそれらし過ぎることに、私は不気味さを感じぬわけにはいかなかった。

ツアー一行の中の私たちのグループが、担当通訳にみちびかれて地下鉄に乗ったとき、私の違和感はとくに強まった。すでに何人かの〝平壌市民〟らしい乗客がいるところへ、雰囲気からすぐに日本人と分かるツアー一行が騒々しく乗り込んでいったのだが、〝平壌市民〟の乗客たちは誰ひとり私たちをふり向かなかった。彼らは、好奇心や興味あるいは違和感などの反応を何ら見せることなく、例外なしにひたすら自分の姿を保っているようだった。日常の中へ紛れ込んだ異物に対する、自然な反応のなさが、私には不気味に感じられたのだった。

工芸品をつくる製作所および展示場のような建物へ案内され、白磁などの作品を見学したのだが、陶芸への造詣も知識も持ち合わせぬ私は、小学生が工場見学をするように、説明する人の言葉に反射的にうなずいたり、作品を仔細にながめるポーズをつくったりしていた。考えてみればその私の様子を逆の側から監視すれば、ゲストハウスのベンチで読書をする人たちと同じように、〝異様な自然〟といった姿だったにちがいない。私は、目の前のつくられた〝日常〟に対して、自分なりの〝架空の日常〟をつくっていたようなものだったが、今にして思えばこの構図自体が奇妙なけしきだったはずなのだ。

その工芸品見学の時間の中で、ひとつの会場から次の部屋へ移る途中、私はRさんとは別の、担当通訳の筆頭役らしい男に声をかけられた。

「ちょっとよろしいですか」

「はい……」

「あなたは何をしているのですか」

「何を、している?」

「あなたは、写真撮らない、メモ取らない、買い物しない、感想言わない、そして何も質問しない……いったい何をしているのですか」

「いろいろと見させていただいているのですが……」

「観察、ですか」

「いや、見物です……」

そう言ってみると、男は複雑な笑みを浮かべてうなずいた。そのあと、少しくだけたような表情になり、

「ところで、あなたの目に、平壌はどのように映りましたか」

と質問してきた。私は、この質問に反応する言葉をいくつか頭の中でこねくり回したあと、質問とは少し方向のちがう言葉を選んで返してみた。

「短い時間なので十分には理解できないのですが、こうやって我々にいろいろ見せていただくのはよいことだと思います」

「よいこと?」

「日本には朝鮮民主主義人民共和国についての情報が、長く途絶えているような気がします。最高指導者であった金日成主席の肖像写真が、何年間も同じだったということにも違和感がありました。人は年齢とともに表情が変化してゆくわけで、それが自然ではないでしょうか？　だからもっと世界に向けて真の情報を発信してほしいと思っていました。ですから、今回のアントニオ猪木によるイベントに参加するツアー一行を受け入れてくれたのは、非常によいことだと思います」

「それはどうも。しかしあなたが言われた情報の件については誤解もあります。我々はつねに世界に向けて正しい情報を発信しています」

「それが、私のような一般的な日本人にはとどかなかったわけで、そこから誤解も生じてしまう可能性があるのではないかと」

「それは残念です。ま、平壌の旅を楽しんでください」

「ありがとうございます……」

私がかるく頭を下げると、男は会釈して私から離れていった。私は、数分の穏やかな会話に詰め込まれた何かに、強いプレッシャーを感じ、ふーっと息を吐きながら男のうしろ姿をながめていた。

「あなたは写真撮らない、メモ取らない、買い物しない、感想言わない、質問しない、何をしているのですか」という男の口から出た言葉が、私の耳の奥でこだましていたものだった。

社会主義圏の国で、その体制に不都合な撮影の取材などを規制する、あるいは予防のための監視をするというケースはよく噂されることだが、〝何もしない〟理由をチェックされたのは、想像外のことだった。そして、〝何もしない〟ことをも監視されている自分の立場を、その一件によってあらためて噛みしめたのだった。

少し話がそれるようだが、二〇一二年第六十二回ベルリン国際映画祭に出品され賞を受けたヤン・ヨンヒ監督作品『かぞくのくに』は、このイノキによるイベントの三年前の夏……という時の設定だった。病気治療という目的で三カ月の日本滞在がゆるされて家族と時を共にした、北朝鮮において〝帰国人〟と呼ばれるコリアンの長男である主人公とその家族たちが、突如北朝鮮への〝帰国〟を命じられるまで置かれる立場を静かに鋭く描くこの作品を感じ取ろうとする私の手がかりとなったのは、やはり平壌の旅から伝わった北朝鮮の空気感の特性だったのである。

民族舞踊を見物する劇場へ案内されたとき、舞台ではすでに舞踊が披露され、かなりの観客がそれを見物していた。その演技の途中で、通訳にみちびかれた日本人のツアーが、どやどやと割り込むように会場へ入って座席に陣取ったのだが、その異物の乱入とも言える場面に対しても、観客席にはやはりいっさいざわめきが生じなかった。私は、ゲストハウス的宿舎で見た、ベンチで読書する人々からかもし出されていた匂いに、神経のすべてを結びつけるようになっていたのかもしれなかった。

座席に着くと、通訳兼案内人のRさんが舞台見物をさしおいて、私やK氏に雑談を向けはじめた。Rさんと私たちは、移動の車中などの会話によって、すでに会話の交流が成立するような関係を双方からつくり上げていたが、それにしてもその場におけるRさんは、なぜか個人的な会話を向けてきた。

百貨店内の見学の折に私たちは、そこに偶然に姿をあらわしたRさんの妻だという女性を紹介されていた。Rさんの妻は、いかにも彼の妻らしい陽気で気さくな庶民的タイプで、私の向けた「Rさんみたいなわがままなご主人をもつと大変でしょう」という冗談に、「そうです、そうです」とかろやかな相槌を打っていた。円満な夫婦だな……と思ったが、見学に行った百貨店の一角に、なぜ急にRさんの妻が姿をあらわし、なぜ彼がその妻を紹介したのかの疑問が宙に浮いていた。さらに、それが本当にRさんの妻であるか否かも謎のままだった。

あれは、この場面での私たちとの和気藹々への布石だったのかな……民族舞踊を見学する会場での、Rさんの積極的な会話の向け方から、私はそんなことを思った。何人かの通訳兼案内人役がいたが、私たちのグループには、官僚的でクールな印象の人は見当たらず、私に「あなたは何をしているのですか」と話しかけてきた男だけが、このグループのリーダーであるせいか、官僚的なイメージをおびていたのだった。

ただ、あの男と会話をしているあいだ、Rさんの姿が目のあたりに見当たらなかったのは妙だった。かねがね自分が感じていた私への何らかの疑念の確認を、自分への警戒心をおぼえさせぬよう、リーダー役にまかせたという気がしないでもなかったのだ。そうやって、Rさんは、庶民的であたたかく闊達《かったつ》なイメージを、私に与えつづける役割をつらぬいていたと考えれば、同じように庶民的な妻を紹介する場面の意図も見えてくるような気がした。

ただ、日常の中での何でもない事柄へのこのような思いめぐらしは、私にとって生まれつきの宿痾《しゅくあ》であるのか、物書きという業《ごう》にまとわりつく習性であるのか、その合体であるのかも定かではない。だが私には、そんなひそかなるRさんへの疑惑を、たしかめようとする気はなかった。

そして、むしろこの頃から私は、平壌という異空間においてわが身をつつんでいる、時代劇的というかアナログ的というか、いささか古風なサスペンス的空気感を、心のうちで隠微にもてあそんでいたのかもしれない。

しかし、この時代劇的な空気感の奥には、実は、強い現実性が仕組まれているのかもしれず、そのことへの不安と遠雷のごとき恐怖感を、漠然と感じていたのもたしかだった。

「あんな踊り退屈でしょう、日本にはもっと美しい女性や新しい文化があるから」

「ワタシ、アキハバラが大好きでしてね」

「やっぱり、自由がいいですね」

「日本はいい国です、ワタシも日本に住みたいですよ」

Rさんは、舞台上のアトラクション的舞踊を無視するように、私とK氏に親日ぶりを強調して言いつのっていた。それも、政治体制についてではなく、アキハバラや〝文化〟というアングルを駆使して。ただ、芸能界に君臨するKさんも作家という生業《なりわい》をこなす私もそれには乗り気でなく、この話題でRさんと会話がスイングすることはなかった。

私たちの口から、北朝鮮の国家体制への批判や違和感などをさそい出そうとする、Rさんの考え抜いた懐柔策は不発に終ったはずである。

私は北朝鮮という異空間のもたらす、間断のないジャブのごとき刺激に、少しずつ馴れていった。

ある日、集結したホテルのロビーからツアー一行とともに出発しようとしていた私は、「ムラマツさんはあなたですか」と、例の通訳兼案内人の筆頭役らしい男に声をかけられた。そして、「イノキ氏が呼んでいるので、あなただけきょうはツアーのスケジュールとは別行動をとってください」と言われた。

「いや、実は力道山の生家をたずねることになったんで、一緒にどうかと思って」

イノキは、そう言って私の目をのぞき込んだ。私は、北朝鮮が、イノキの師匠たる力道山の故郷であることに、あらためて思いを向けた。そして、平壌に到着以来、イノキを遠目には見たりするものの、ほとんど顔を合わせることのない時をすごしていたことに、当のイノキを目の前にして気づいた。私の目に映らぬところで、イノキはいくつもの儀式的スケジュールをクリアし、主催する側の主役としての役割を演じつづけていたにちがいなかった。

私のスケジュール変更は、咸鏡南道洪原郡《ハムキョンナムドホンウオングン》に残っているという力道山の生家をたずねることが急に可能になり、イノキが力道山についての文章も書いている私をさそってくれたのだった。

私たちは、当時の日本では見馴れぬ小型のオスプレイのような形のヘリコプターに乗り込んだ。ヘリの中には、イノキの世話役のような人物と、彼によって選ばれた日本人の記者や編集者が数人、それに力道山の長女であり国家体育委員長の地位にいるという金英淑《キムヨンスク》さんなどがいて、彼女をイノキから紹介された。彼女は、どこか力道山の面影を残している感じに見えて、思いのほか気さくなタイプの女性だった。

平壌から三十分足らずのヘリの飛行で、咸鏡南道洪原郡に到着し、そこからやはり私たちが乗った車は猛スピードで力道山の生家へと向かった。その途中、車窓の外にやはりいくつかの工事現場が走り過ぎた。そして、走る車から遠望できる左右の集合住宅的な工事中の建物の方から、イノキ一行に手を振るらしい想像外の人数を目にした。だが、その歓迎のありさまもまた、私の目には謎めいたけしきと映った。力道山の生家をたずねる件は、あらかじめのスケジュールの中にはなく、急に決定したことなのだ。手を振る彼らの姿が、私にはイノキ一行が通過する時間に合わせて、にわかに仕立てあげられた風景であるように見えたのだった。

港町であるという咸鏡南道洪原郡の力道山の生家は、想像以上に質素で、いかにも力道山の生家らしい雰囲気をもつたたずまいだった。そこには、力道山がシルム(朝鮮相撲)にいそしんでいた時代に持ち上げたという二百五十キロの石が残されていた。私は、その石を持ち上げる少年時代の力道山を思い浮かべながら、生家の仏壇にしつらえられた線香に火を点した。私はどこか、京都の太秦《うずまさ》の映画村へ行ったときに似た、虚実を同時に味わう気分にひたっていた。そこで、力道山の幼時を知るというひとりの老婦人の話を聞くイノキからは、虚実を四捨五入したあげくかもし出されるような、力道山の故郷に対するきわめて抽象的な敬虔《けいけん》の表情を読み取ることができた。

力道山の生家からヘリのある広場へ戻る車中からも、工事中の集合住宅からおびただしい人が手を振る光景を目にした。イノキは、やはり虚実を併せ呑む者の複雑な笑顔で、ごく自然に、手を振る人々に応えていた。私は、手を振る人々にまたもやゲストハウス的宿舎のベンチで読書する人物をかさね、あわててその想像をかき消した。頭のどこかで、「どうってことねえですよ」という、イノキの決めゼリフがくり返された。

ヘリで平壌へ戻って、さらなるスケジュールをこなすことになっているイノキと別れ、

ツアー一行と合流するや案の定、通訳兼案内人の筆頭役であるらしい男が近づいて来て、

「あなたはイノキ氏の何なんですか」

「イノキさんの何なのか……ですか」

「なぜあなただけ呼ばれたのですか」

「ああ、力道山の生家行きのことですか」

「そうです。イノキ氏はなぜあなたを呼んだのか」

「……」

私が、中学時代の力道山ショックや『私、プロレスの味方です』という作品を書いて以来の、イノキとのお互いに距離をおいた長きにわたる微妙な関係を説明しても通じるはずもなく言葉に窮していると、すっと近づいて来たK氏が、

「トモダチでいいんじゃない、トモダチで」

と言いながら、私の脇腹をわざとらしく肘で小突いた。イノキの友だち……その自己紹介にはいささか気後れを感じたが、とりあえずK氏にしたがった。

「トモダチ……」

男は私の言葉をくり返すように呟いて、やはり解せぬ顔を残して離れていった。私は、その男の中でまとめられる自分のイメージを想像しながら、なぜか滲《にじ》み出る額の汗を拭っていた――。

## 3　アリと胡桃《くるみ》の音

一九九五年四月二十八日、イノキが北朝鮮の平壌において主催する「平和のための平壌国際スポーツ文化祭典」の第一日がやってきた。私は、この旅における私の道連れともなったK氏とともにゲストハウス的宿舎を出て、このイベントに参加するメンバーが集結する高級ホテルのロビーへ向かった。

ハイヤーはやはり、いたるところにある作業中の工事現場の前を猛スピードで通り過ぎていく。この件をはじめとして、私は最初に感じた平壌のいたるところに張られているらしい微妙な膜のけはいに、すでに馴れていた。それは、到着以来スムーズにスケジュールが進行してゆく過程で、このツアーに対する北朝鮮政府の好遇ぶりを刻々と感じ取っていったせいでもあり、私自身の緊張がほぐれていったためでもあり、また通訳兼案内人たるRさんの屈託のない対応ぶりの影響によるなりゆきでもあった。

Rさんは、K氏と私にやんわりとした監視の目を向ける役目を担っているはずだが、私たちとのいくつかの会話の中で、二人をどうやら強く警戒する必要のない相手という見定めをしていたようだった。

写真を撮らない、メモを取らない、買い物をしない、感想言わない、質問しない……といった私のありようについても、イノキに声をかけられ力道山の生家へ行くメンバーの中に選ばれた件についても、特別視する必要なしという判断を、仲間との話合いの中で、いつの時からかいだいていたのだろう。作家という、考えてみれば伸縮自在な私の肩書きから、そのような漠然たる解釈をしていたかもしれなかった。

あるいは、K氏と私に懐柔の物腰を向けるRさんに対し、北朝鮮についてのあらかじめの認識の上に立って、私たちが逆にRさんを懐柔するような雰囲気をかもし出していった効果もあったかもしれない。もっとも、たとえ先方が鋭い監視の目を向けたところで、私たちから暴露される、北朝鮮にとっての危険分子であるという要素などもともとないというのが正味の寸法なのである。そう考えれば、私たちの懐柔策も、滑稽であったと言えるのだ。けっきょくRさんは私たちを、〝イノキにさそわれて物見遊山にイベントを見物に来ただけ〟の類《たぐい》の人間と、ある時から見切っていたはずなのだ。

ただ、私自身の中にあったひそかに北朝鮮における現実と虚構の縫い目を探ろうとする感覚が、まったく消えていたわけでもなく、それをRさんに感知されぬために陽気なカムフラージュ的態度を、あえてつくっていたのはたしかだった。

また、K氏も独特のセンスで、平壌の観光を満喫している態をつくっていた。彼は、高級ホテルの一角にある靴を売る店でイタリア製の靴を見つけ、「平壌でイタリア製の靴を買うってのどう？　面白いと思わない？」と私にささやきかけ、得意げに一足を買ったのだ。K氏は、銀座の行きつけの靴屋の店員に対するような自然さで、平壌の高級ホテルの靴を売る店の若い従業員との会話を弾ませていたものである。

私たちは、Rさんの案内で高級ホテルからイベントの会場であるスタジアムへと移動し、その中段あたりの観客席へ陣取ることになった。

金正日総書記は、姿を見せなかったものの、イベントが開催された。VIP席には、朴成哲《パクソンチョル》副主席、アジア太平洋平和委員会・金容淳《キムヨンスン》会長らの出席のもとに、イノキ、その対戦相手であるリック・フレアー、WCW副社長のエリック・ビショップ、それにゲストであり〝立会人〟の役をつとめるモハメド・アリの姿があった。

イベントの開始が宣言されると、まず北朝鮮政府の要人が歓迎の挨拶をし、そのあと紹介されたイノキは、スタジアムのVIP席から十三万人の大観衆に向かって、まず歓迎への感謝の意を伝えた。そのメッセージの中にはもちろん、前年に亡くなった朝鮮民主主義人民共和国の祖としての金日成主席と、現体制を率いる金正日総書記に対する敬意と讃辞が込められていた。そのメッセージは、想像もできぬ強い覚悟をはらんでいるにちがいない……私はそんな思いで、大スタジアムにひびきわたるプロレスと平和を連結させる情熱があふれるイノキの演説に聞き入っていた。

そういえば、二〇一七年の九月七日、北朝鮮が次々と打ち上げる弾道ミサイルによって異様な空気が生じているそのど真ん中とも言うべきタイミングで、イノキは政府の制止を振り切るかたちで三十五回目の訪朝を果した。これを伝えるテレビ画面の中で、イノキは「私としては、人の交流を欠かせてはならないとの思いであります」というコメントを発していた。この言葉もまた、現在の時点での閉塞状態の壁の中にイノキが見抜いた小さな針の穴を通すような、二十二年前の平壌のスタジアムにおけるメッセージとは別な意味で、深長な意味をはらんでいるにちがいないのだが、その答えはやはりはるか彼方にゆらめいているということになるのだろう。

メッセージを発するイノキの隣に陣取った、このイベントの〝立会人〟を買って出たその日のモハメド・アリは正装に身をつつみ、イベントにおける自らの役割を十分に意識した微笑みを、しずかに浮かべていた。

儀式が終ると、アリーナでのいくつかの北朝鮮側のさまざまな芸能が演じられ、つづいてツアーに同行した日本側の芸能人による歌や芸が披露された。

正面席の対岸にあたる観客席では、そこを埋めつくした現地の人々が、指導者にみちびかれて、人間によるアートをつくりあげる練習をしていた。

対岸の観客席一面が、正面席から見る巨大なキャンバスとなり、そこに即座に描かれ即座に変化するけしきの、大規模でセンスあふれる表現のスピード感に、私は目をみはらされた。それは、コンダクターの指示にスピーディに対応することをきびしく訓練された人々による、アナログの極致がデジタルにいたるような人間アートだった。

画面の片隅にミッキー・マウスがあらわれて愛嬌あるポーズをとってボールを蹴ると、そのボールが巨大なキャンバスの中を大きく飛翔して、目的のゴールへ突きささる。訓練された人間によって完成される、スクリーンに映される映像とも見紛う巨大な人間のキャンバスにあらわれるその人間ワザの神秘を、私は度胆をぬかれる思いで見守った。

その人間の統制によって人間がつくる奇跡のごときアートの非日常的けしきから、ヒットラーの指揮下にあったナチスの美学をちらと連想したのもたしかだった。統制された人間のつくる美は果してアートなのか……そんな思いが、頭の中を浮遊した。

だが、現実に目の前でくりひろげられる非日常的けしきの迫力に素直に圧倒されたのもたしかで、アリーナで行なわれた日本の芸能人による、洗練され完成された歌や芸能の高度な日常性が、人間のつくる凄みある巨大な生《なま》の非日常的けしきの中に呑み込まれてしまったように感じられもしたものだった。

翌四月二十九日の試合には、前日タッグマッチで対決したブル中野と北斗晶のシングルでの対決が、男子プロレスを凌駕するほどの歓声を受けていたのが印象に残った。そしてメイン・イベントは、アントニオ猪木対リック・フレアーのスペシャルマッチ。イノキ流の〝アロー・ナックル〟と呼ばれる〝弓を引く〟ようなパンチ攻撃を受け、地蔵倒しに頭からキャンバスに突っ込む、リック・フレアーお馴染みのシーンは、さすがに日本やアメリカのプロレス会場のようなあざやかさで観客にとどくことはなかったという印象だった。だが、リック・フレアーは、大観客をあやつるイノキに呼応して、ショーマン・シップとシリアスな攻防の両輪を展開する試合をする底力を見せた。そして、イノキが勝利の雄叫びをあげてお馴染みの拳を天に向かって突き上げるポーズをとると、プロレスに馴れぬ十三万人の観客も、大きなどよめきと歓声をあげていた。

この試合のプロレス的醍醐味を平壌の大観客が素直に満喫したか否かは確信できぬが、イノキ流のプロレスが、彼らに得体の知れぬ心の弾みを与えたのはたしかだろう。

私は、独裁国家のつくる巨大なキャンバス・アートの駒と化して私を圧倒した、〝マス〟としての観客の中に、何度か独裁国家のイデオロギーを超えた〝個〟としての貌《かお》をつくり上げたイノキのプロレスラーとしての魔力に感服した。そして、この体感を得るために平壌へと旅立ったのだ……と、納得する気分にいたったのだった。統制された〝マス〟であったはずの観客たちが、迂闊にも格闘技を楽しむ〝個〟としての開放された〝貌〟をあらわしてしまっている……私はそんな瞬間を何度か感じ取ったのだった。

試合が終ったあとに催された晩餐《ばんさん》会の会場では、私は比較的イノキやモハメド・アリ、それにリック・フレアーたちのいるメイン・テーブルに近い席だった。イノキの左にはアリがいて、そして右の席には朝鮮民主主義人民共和国の要人である朴成哲氏の姿があった。Rさんたち通訳兼案内人たちの姿は、その会場には見あたらなかったような気がする。

晩餐会が終ると、イノキはアリや朴成哲氏らとともに席を立ち、いずこかへ姿を消した。気がつくと、私の席にいた人々も次々と立ち上がりどこかへ向かって行く。K氏を目で探したが、なぜかその姿が見つからず、私は少しあせった。会場にいたツアーの人たちもそれぞれに席を立ち、どこか決められた場所へ向かって歩いて行く感じだった。

私は会場から出て人群れにしたがって行く先も分からぬまま建物の中を歩きつづけ、別棟らしい空間に出たとたん目の前にあらわれた幅広いエスカレーターに乗り、下の階へ降りていった。

すると、下の階へ降りる途中で、左の耳のうしろあたりにクキリという音を感じた。その音が、とっさに祖母が胡桃《くるみ》の実の殻をこすり合わせては鳴らしていた幼い頃の記憶を私に思い出させた。祖母は、リューマチによる不自由な右手の指のうごきを直すためだと言って、右手で二つの胡桃の実を握り掌の内でこすり合わせるのを習慣にしていたのだが、そのときこすり合わせた二つの胡桃の殻が、クキリ、クキリという音を発していたのだ。そんな音が、なぜここで……私は、そっと左うしろをふり返ってみたが、そこには誰もいなかった。

そして、気を取り直してしばらく降《くだ》って行くと、また左うしろから同じ音がさらに近くでささやくようにひびいた。そんなことが、何度かくり返し起こった。私は、晩餐会の会場から迷子のような気分で、日本人らしい群れのあとを歩いてエスカレーターで降っていたはずだが、平壌という空間で体験していた不気味な感触もあって、足が宙に浮いているような気分につつまれていた。そこに正体不明の音。空耳か……とも思ったが、念のため左耳に音を感じた瞬間すばやく右うしろをふり返ってみると、そこに「しまった！」というニュアンスのあらわれたアリの、いたずらっぽい目があったのだ。

私と目が合うと、アリは「ようやく気づいたか」という感じで、中途半端にのばした左手を宙で止め、いたずらっぽい表情をさらに濃くした。アリは、私の右うしろに立っていて、右へ体を寄せて左側に長い左手をのばし、親指と人差指をこすり合わせて、私の左耳のうしろでクキリという音を鳴らし、私が左をふり向くと手を引っ込めては体を右に寄せ、私の視界から外れることをくり返していたのだった。おそらく、アリのいたずらの得意ワザだったのだろう。

胡桃をこすり合わせるような音の主がアリと分かると、私は不思議な落ち着きをおぼえた。アリのそばにおそらく、東京駅構内で見た彼の附添人のような男もいただろうし、アリに同行する何人かの通訳兼案内人たちもいたはずだ。だが、そのときの私にはアリの存在しか目に入らなかった。

私は、とりあえず「このいたずら者め！」という感じで、かるくアリをとがめるように睨んでみせた。すると期待通り、叱られた子供のように首を縮めたアリの深い瞳が満足げにみひらかれ、「気がつくのが遅いよ」と、逆にとがめるような色をおびた。私は、にわかに、アリが自分とおそろしく近い距離にあるかのような錯覚をおぼえた。

晩餐会の席で、正装をしたアリはイノキの隣で悠々と食事をしていた。重度の病をかかえながら、自分の役を誠実にこなしているアリの姿が、あまり遠くない席にいた私からも見て取れた。イノキのそばには、次々と日本人ツアーの誰かが近づいて、自己紹介をし、イノキはそれに対する対応に忙しそうだった。アリは、そんなイノキが主役として律儀にふるまうのを、目を向けることなく感じ取っているようでもあり、主役の隣にあるべきひとつの風景としての役をこなしているようでもあった。

宴の途中で、私はイノキが自分を手招きしているのに気づき、立ち上がってイノキの席へ行くと、イノキはアリの反対側に坐る朴成哲氏に「日本の有名な作家だ」というような紹介をした。有名……というところで少し臆している私にアリが目を向けることはなかったが、私がイノキとどうやら近しい関係にある男らしいと、あのときアリは感得していたかもしれない……アリがエスカレーターで自分の前に立っていた私に気づき、いたずらをしかけた理由を、少し前の記憶をたどりなおしながら、私はそんなふうに想像していた。

そしておそらくアリは、ニューヨークのハーレムやアフリカの子供たちにもこの手のさまざまないたずらを仕掛けて子供たちにとっての天使《エンジェル》役をこなしていたにちがいないと思ったものだった。

私は、アリの謎めいた深い瞳と出会って、自分の中ににわかに子供のような無邪気が生じていることにとまどいをおぼえ、同時にミーハー的な感動につつまれていた。

そして、アリからかもし出される穏やかないたずら心へのとまどい含みの感動が、私の記憶の底にあった、イノキとの邂逅《かいこう》の場面をひきずり出した。

『私、プロレスの味方です』を書いたとき、私は出版社につとめる文芸編集者だった。アルバイト原稿で小遣い稼ぎをしたり、文芸誌の新人賞に応募したりもしていたが、いずれも物を書いて生きる筋道へつながる感触がなく、ひょんなきっかけで書いたのがこの作品だった。

イノキが無名の者が書いたこの本をどう読むかと思わぬでもなかったが、無視されるだろうという気持の方が強かったのは当然のことだった。すると、しばらくして、イノキが作者に会ってみたいと言っているという連絡を新日本プロレスから受け、面会のためある試合会場の控室へ行くことになった。私がその日ドレッシング・ルームとして使うらしい、指定されたがらんとした大きい部屋へ行くと、そこにはまだイノキの姿はなかった。私は、そこにあったベンチへ腰を下ろしてしばらくイノキの到着を待っていた。

少しあとに姿をあらわしたイノキを見てあわてて立ち上がり、私は握手したまま作品を書いた大雑把ないきさつをしどろもどろに口ばしったはずだ。私の言葉にうなずいたり相槌を打っていたイノキは、このままでは背の高い自分が相手を見下ろしたままになると気づかったか、話しながらベンチに腰を下ろした。すると今度は、初めて会う客を立たせたまま、自分だけが腰を下ろしている構図に気づいたように、ふたたび立ち上がりかけた。だが、立ち上がってしまえばさっきとまた同じ構図になってしまう。そんな思いの中でイノキは中途半端に腰を浮かせたり沈ませたりしていた。そしてその間、私たちが会話を途切らせることはなかったのが不思議だった。この神経のゆれうごき方はリング上のイノキの切れのよいうごきとは程遠いイメージだった。そして、この圧縮された奇妙な短かい時間の中で、私はたちまちイノキのセンスに吸い込まれていったのだった。

平壌における不気味な感触のど真ん中でのアリの謎めいた深い瞳との出会いによってイノキとの圧縮された初対面の時間がみちびき出された……このことから私は、アリとイノキの中に共通する色を実感したのだ。

そして、胸の中にわいた想念をこねくり回していた私は、エスカレーターが下の階に着いたとき、右うしろに立っていたはずのアリの姿を見失っていることにやがて気づいたのだった——。

「あの靴、ちょっと幅が合わなくてさ。よかったら履かない?」

帰国の日、ツアー一行の集合場所となった高級ホテルのロビーで、立派なソファに身をうずめたK氏が、バッグの中からこのホテル内の靴屋で買った靴を、もそもそと取り出した。

「だから、平壌でイタリア製の靴を買ったってのはシャレてるけど、ちょっと無理もあるんだな」

そう言って私がありがたくもなさそうに靴を受け取ったとき、近づいて来た通訳兼案内人のRさんが、「トモダチ、ですね」と声をかけながら、K氏と私をからかうように言った。力道山の生家から帰ったときにRさんの上司らしい人が口走った〝トモダチ〟という言葉が、独特な抑揚でよみがえった。

「今度また、日本で会いましょう、アキハバラでね」

K氏がそんな声をかけると、Rさんはうれしそうな笑顔で何度もうなずいた。だが、そのRさんが、ハイヤーで空港へ送ってくれたあと、どのあたりで私たちの前から姿を消したのかの記憶が、定かにはたぐれない。ただ、平壌における不可解さにすでに馴れていた私は、そのことを不思議とは思わなかった。

空港へ到着し、待合室の一角で、アリの姿を見つけた私は、十メートルばかり先にいるアリに向かって、親指と人差指をこすり合わせる左手を宙にかざして見せた。すると、それに気づいたアリの謎深い瞳に、やはり表情があらわれた。そして、腕を宙に上げ、親指と人差指をこすり合わせる同じ仕種を、もどかしい動作で私に返した。私は、アリという天使に対して、完全にミーハー化している己れを実感した。そして胸の内を、こそばゆい快感がはしりぬけたのだった——。

名古屋空港へ向かう飛行機でも、私はK氏と隣り合わせとなったが、飛行中は沈黙の時間が多かった。やがて飛行機の窓の下方に、名古屋の街らしいネオンが遠く見えてきた。するとそのネオンに目をやったK氏が、辺りを憚るような調子で、

「もう、大丈夫だよね……」

と、そっとかみしめるようにささやいた。その言葉をきっかけに、平壌での不気味な感触の数々が、私の頭に一気によみがえった。K氏もまた、私と同じ心もようだったのだろう。「もう、大丈夫だよね……」は、そこから解放された実感のあらわれにちがいなかった。K氏は、名古屋の街のあかりに向けるかのように、〽街の灯《あか》りちらちら……と、自分の芸能プロダクションに所属する堺正章の歌を、小さく口ずさんでいた。分かるな……と思いながら、私は笑いをこらえていた。その旋律にみちびかれるように、平壌という空間で「平和のための平壌国際文化スポーツ祭典」と銘打った破天荒なイベントを敢行したイノキと、アメリカ政府の反対を押し切ってそのイベントの〝立会人〟を買って出たアリの中にある同じ色が馴染み合い、私はその絆の源泉にある、〝世紀の凡戦〟と酷評された一九年前の試合を、記憶の底から心もとなくたぐり寄せていたものだった——。

（了）

本書は書き下ろし作品です。

村松友視（むらまつ・ともみ）
一九四〇年、東京生まれ。
慶應義塾大学文学部卒業。
文芸誌『海』の編集者を経て、
八〇年『私、プロレスの味方です』で作家デビュー。
八二年『時代屋の女房』で直木賞、
九七年『鎌倉のおばさん』で泉鏡花文学賞を受賞。
他の著書に『当然、プロレスの味方です』
『ダーティ・ヒロイズム宣言』
『ファイター――評伝アントニオ猪木』『夢の始末書』
『百合子さんは何色』『アブサン物語』『野良猫ケンさん』
『幸田文のマッチ箱』『淳之介流』『俵屋の不思議』
『帝国ホテルの不思議』『老人の極意』
『大人の極意』『北の富士流』など多数。

アリと猪木のものがたり

二〇一七年一一月二〇日　初版印刷
二〇一七年一一月三〇日　初版発行

著者　村松友視
発行者　小野寺優
発行所　株式会社河出書房新社
〒一五一-〇〇五一　東京都渋谷区千駄ヶ谷二-三二-二
電話　〇三-三四〇四-一二〇一（営業）
　　　〇三-三四〇四-八六一一（編集）
http://www.kawade.co.jp/

印刷　株式会社亨有堂印刷所
製本　小泉製本株式会社



ISBN978-4-309-02629-9　Printed in Japan